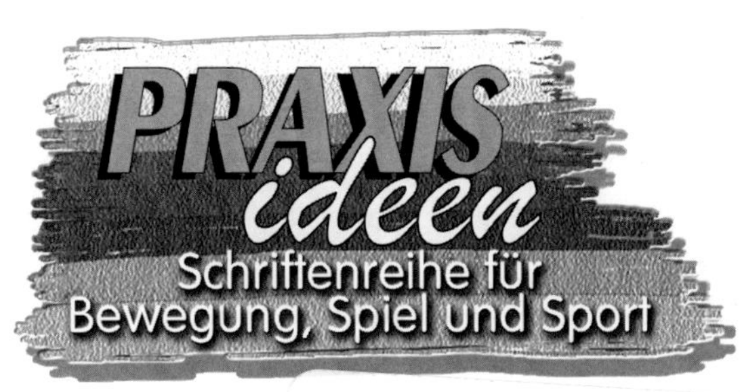

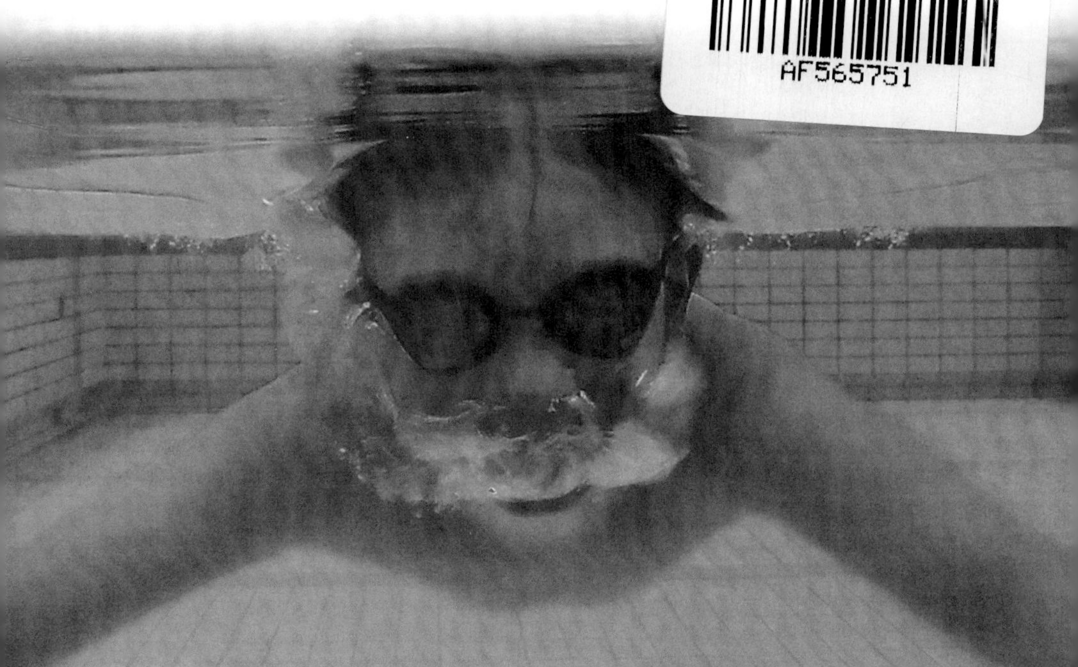

Schwimmen

lernen und verbessern

Christoph Clephas & Lars Steinigeweg

hofmann.

Bibliografische Information der Deutschen Nationalbibliothek
Die Deutsche Nationalbibliothek verzeichnet diese Publikation in der Deutschen Nationalbibliografie; detaillierte bibliografische Daten sind im Internet über http://dnb.d-nb.de abrufbar.

An dieser Stelle möchten wir uns herzlich beim TV Jahn-Rheine dafür bedanken, dass wir für unsere Fotos das Lehrschwimmbecken nutzen konnten. Ebenso möchten wir uns bei unseren Models Hannah, Hannah-Sophie, Jan, Johannes, Julia, Tom & Philipp und deren Eltern für die Bereitschaft unser Vorhaben zu unterstützen bedanken. Ohne dieses Engagement von allen Seiten wäre das Buch in dieser Form nicht möglich gewesen.

Bestellnummer 2711

Erschienen als Band 71
der PRAXISIDEEN – Schriftenreihe für Bewegung, Spiel und Sport.

Druck und Verarbeitung: Medienhaus Plump GmbH, Rheinbreitbach
Printed in Germany · ISBN 978-3-7780-2711-0

INHALT

Im vorliegenden Buch wurde auf die Nennung beider Geschlechter (Lehrerinnen/Lehrer – Schülerinnen/Schüler) oder die Verbindung in einem Wort (LehrerInnen bzw. Lehrer/innen) zugunsten einer möglichst einfachen Leseart verzichtet. Allgemeine Personenbezeichnungen schließen daher immer beide Geschlechter ein.

Vorwort

Leider kommt es jedes Jahr im Sommer wieder zu Schwimmunfällen. Häufig betrifft es Personen, die nur unzureichend schwimmfähig sind. Gerade Kinder benötigen eine umfangreiche Betreuung, um ihre Schwimmfähigkeit ausbilden zu können. In unserer langjährigen Erfahrung als Referenten für diverse Schwimmverbände sowie Ausbilder für Lehrpersonal an Schulen haben wir immer wieder feststellen müssen, dass die Ausbildung eher auf Quantität und schnellen Lernerfolg ausgerichtet ist. Dabei wäre es deutlich sinnvoller, eine qualitativ hochwertige Schwimmausbildung, die eine nachhaltige Basis für die Schwimmfähigkeit darstellt, durchzuführen.

Auch wenn die verschiedenen „Schwimm-Lern-Institutionen" alle unterschiedliche Zielstellungen verfolgen, zeigen die dramatischen Folgen jeden Sommer, dass Schwimmen nicht nur eine Sportart von vielen im Portfolio, beispielsweise des Lehrplans ist, sondern es vielmehr darum geht, Kindern eine sichere Zukunft im Wasser zu geben. Aus unserer Sicht ist das Schwimmen lernen ähnlich wichtig wie das Laufen lernen und sollte daher die gleiche Aufmerksamkeit erhalten. Auch wenn dies einen sehr großen Aufwand bedeutet. Wie im Verlauf des Buches beschrieben, gibt es viele Probleme, die vor allem auf eine – gerade im ländlichen Raum – schlechter werdende Infrastruktur von Schwimmbädern zurückzuführen ist. Schulen haben eine sehr lange Anreise zu den Bädern, so dass sich die Schwimmzeit dramatisch verkürzt. Gerade Lehrschwimmbecken können während des parallel laufenden öffentlichen Badebetriebes nicht komplett genutzt werden, was bei einer Klassengröße von jenseits von 20 Kindern dazu führt, dass die Erfahrungen mit Wasser nur im sehr geringen Maße gemacht werden können.

Erschwerend kommt hinzu, das häufig vorherrschende traditionelle Brustschwimmen als erste Schwimmlerntechnik. Vor allem auf Grund des sehr komplexen Beinschlages wird dies heutzutage nicht mehr als zeitgemäß und zielführend angesehen. Auf Grund der großen Zahl an Kindern in einer Lerngruppe (Schulklasse) sowie der geringen Übungszeit kann die Komplexität des Brustbeinschlagen kaum fehlerfrei erlernt werden. Erschwerend hinzu kommt, dass hohe Schwimmbadeintritte ein Lernen mit den Eltern häufig unmöglich machen.

Aus diesem Antrieb heraus haben wir uns entschieden, einen Ratgeber für Schwimmlehrkräfte sowie Trainer und Übungsleiter zu gestalten, der einen alternativen Lernweg für eine kombinierte Erstschwimmart aus einfachen Bewegungsmuster vorstellt. Ebenso war es uns ein

Bedürfnis, für alle vier Schwimmarten sowie alle Start- und Wendeformen Übungen vorzustellen, die auch in großen Gruppen, wie sie Schwimmlehrkräfte häufig vorfinden, gut durchführbar sind. Ein weiterer Aspekt bei der Übungsauswahl lag darauf, dass wir mit so wenigen Hilfsmitteln wir möglich arbeiten wollten.

Kapitel

1

Idee des Buches

1.1 Einleitung

1.2 Erfahrungen aus der Trainerausbildung

1.3 Diskrepanzen zwischen Verein und Schule

1.4 Zielgruppe

1.1 Einleitung

Die PRAXISideen haben sich in den letzten Jahren mit sehr vielen Lehr- und Bewegungsfeldern beschäftigt. Diese Bewegungsfelder lagen fast ausschließlich an Land bzw. in der Turnhalle. Lediglich ein alternativer Ansatz ist bisher erschienen, bei dem sich dem Element Wasser genähert wurde. In diesem Werk soll ein eher klassischer Weg zur Vermittlung des Schwimmens vorgestellt werden. Er soll zwar nicht auf dem Brustschwimmen als Erst-Schwimmart basieren, jedoch zeigen, wie die klassischen Schwimmarten vermittelt und verfeinert werden.

Da das Brustschwimmen in vielen Schulen die einzig wahre Schwimmtechnik ist und auf dieser Schwimmart alle weiteren Lernerfolge der Schüler aufbauen, ergibt sich eine Diskrepanz zum Vereinssport. Denn in den meisten Schwimmvereinen hat sich Kraul- und oder Rückenschwimmen als Erstschwimmart durchgesetzt. Dies liegt nicht zuletzt an der Einfachheit des Beinschlages. Ein solches Vorgehen ist Sportlehrkräften, die Schwimmen unterrichten, meist nicht bekannt oder es fällt ihnen schwer, Schüler, die bereits Rücken oder Kraul schwimmen können, in ihren Unterricht einzubinden.

Das führt häufig dazu, dass Kinder, die bereits im Schwimmverein sind und sicher schwimmen können, jedoch das Brustschwimmen noch nicht beherrschen, im Schulschwimmen noch einmal im Lehrschwimmbecken beginnen müssen. Zum einen kratzt das am Selbstbewusstsein der Kinder und zum anderen legt es deutlich einen Mangel an Fortbildungen oder in der Qualifikation der Sportlehrkräfte offen. Denn schon seit einigen Jahren und deutlich hinter den führenden Schwimmnationen bevorzugt auch der Deutsche Schwimm-Verband die Wechselzugschwimmarten als Erstschwimmarten.

Wechsel in der Erstschwimmart

1.2 Erfahrungen aus der Trainerausbildung

Auch in der Trainerausbildung wird immer wieder von diesem Problem berichtet. Gerade kleinere Schwimmvereine melden sich immer wieder zu Wort und berichten, dass ein Wechsel der Schwimmarten von Brust zu Kraul oder Rücken im Anfängerschwimmen häufig durch Bedenken vieler Mitglieder verhindert wird.

Anspruch dieses Buches ist es, zwischen diesen beiden Positionen zu vermitteln. Dafür soll auf den folgenden Seiten ein Konzept vorgestellt werden, das das Brustschwimmen und den Wechselbeinschlag zusammenbringt. Es ist sehr wichtig, den Bogen zwischen Schule und Verein zu schlagen, so dass eine einheitlichere Lernstrategie verfolgt werden kann. Das Augenmerk soll dabei auf den besonderen Herausforderungen liegen, die der Schwimmunterricht an Sportlehrkräfte stellt. Genau dort sehen wir unsere Expertise, um den Schwimmunterricht in der Schule effektiver zu machen.

1.3 Diskrepanzen zwischen Verein und Schule

Die große Diskrepanz zwischen dem Schwimmen im Verein und in der Schule ist vielschichtig. In erster Linie liegt dies natürlich an der unterschiedlichen Ausgangsposition und Zielstellung der beiden Institutionen. In der Schule sollen viele Sportarten auf einem grundständigen Niveau den Schülern nähergebracht werden. In Bezug auf das Schwimmen bedeutet dies, dass mit Ausnahme im Abitur zumeist die Schwimmabzeichen im Vordergrund stehen.

Im Gegensatz dazu hat der Verein entweder einen leistungssportlichen oder einen breitensportlichen Ansatz. Unabhängig von dieser Ausrichtung steht eine langfristige und nachhaltige Ausbildung im Mittelpunkt. Die Schwimmausbildung ist immer dem Wettkampfschwimmen und der damit verbundenen wettkampfgerechten Technik angepasst.

Als weitere Diskrepanzen zwischen Schule und Verein erweisen sich die kürzeren Übungsstunden in der Schule, eine deutlich heterogenere Gruppe sowie eine weniger spezifische Ausbildung von Sportlehrkräften in der Schule im Gegensatz zu den Übungsleitern und Trainern, die in den Vereinen tätig sind.

Kooperationen zwischen Schule und Verein

Es muss jedoch das Ziel sein, dass Schule und Vereine besser zusammenarbeiten und ggf. sogar in manchen Fällen kooperieren. Im weiteren Verlauf dieses Buches sollen auch Wege aufgezeigt werden, wie solche Zusammenarbeiten gestaltet werden können, so dass beide Parteien profitieren.

Ein Beispiel:

In Rheine (NRW) gibt es im Bereich des Schulschwimmens an Grundschulen seit einigen Jahren eine gelungene Kooperation zwischen den Schwimmvereinen und den Grundschulen. Ursprünglich als Projekt angelegt, wird diese Kooperation seit dem Schuljahr 2019/2020 fest in den Schulalltag eingeplant. Initiiert durch den Stadtsportverband, den Zusammenschluss der Sportvereine in Rheine, unterstützt der Sportverein den regulären Schwimmunterricht an Grundschulen durch Fachkräfte aus dem Verein. Es ist sichergestellt, dass jede Schwimmstunde an Grundschulen durch einen zusätzlichen Mitarbeiter begleitet werden kann. Die Gruppen im Schwimmbad vor Ort können dadurch kleiner und homogener gestaltet werden, außerdem haben die Lehrkräfte der Schulen so die Möglichkeit, neuen Input für ihre Unterrichtsgestaltung mitzunehmen. Der Verein hat so bereits die Möglichkeit, motivierte und talentierte Sportler für den Nachwuchssport zu sichten und ggf. bereits zu fördern. Die Finanzierung dieser Stunden wird durch private Sponsorengelder sowie kommunale Mittel zur Förderung des Sports sichergestellt.

1.4 Zielgruppe

Wie bereits mehrfach erwähnt, ist das Hauptziel dieses Werkes, Sportlehrkräften für den Schwimmunterricht einen weiteren Zugang zur Vermittlung von Schwimmtechniken zu geben. Dieser soll von der in den meisten Schulen vorherrschenden Idee des Brustschwimmens abweichen. Die Abweichung soll jedoch Elemente des Brustschwimmens enthalten, so dass eine Kombination bzw. Teile des aktuellen Unterrichts beibehalten werden können.

Erkennen und Verbessern von Schwimmarten

Darüber hinaus soll das Buch ein Portfolio an Übungen zur Verbesserung und dem Erlernen von Schwimmtechniken geben. Zu jeder Schwimmart und zu allen relevanten Teilbewegungen sind Übungen dargestellt. Jede Übung ist, wie in dieser Reihe üblich, ausgiebig bebildert und zusätzlich beschrieben. Alle Übungen kommen zudem mit möglichst wenigen Hilfsmitteln aus, so dass auch Schulen mit wenig Zugang zu geeigneten Hilfsmitteln die Übungen umsetzen können. Die genutzten Hilfsmittel und deren Einsatzmöglichkeiten werden in einem Glossar noch einmal erklärt.

Kapitel

2

Herausforderungen an den Schwimmunterricht

2.1 Äußere Faktoren

2.2 Innere Faktoren

2.1 Äußere Faktoren

Der Schwimmunterricht stellt im Schulalltag häufig besondere Herausforderungen an die Sportlehrkräfte. Zum einen fordert das Element Wasser eine andere Herangehensweise an den Unterricht und zum anderen haben viele Sportlehrkräfte keine durchgehende Erfahrung mit dem Element sowie dem Unterricht im Schwimmbad. Häufig findet der Unterricht parallel zum normalen Schwimmbetrieb statt. Das führt vor allem bei Kindern häufig dazu, dass diese schnell abgelenkt werden. Die Sportlehrkraft hat also neben der normalen Tätigkeit viele äußere Faktoren mit im Blick zu haben, die den Schwimmunterricht deutlich erschweren.

Neben den äußeren Faktoren, die das Schwimmbad mit sich bringt, gibt es beim Schwimmunterricht in der Schule noch weitere Hindernisse, die sich im Vergleich zu Schwimmvereinen ergeben:

Lehrkraft-Schüler-Aufteilungsschlüssel

Auch wenn zumeist mehrere Klassen gleichzeitig zum Schwimmunterricht fahren und auch weitere Lehrkräfte die Gruppe zum Schwimmunterricht begleiten, verteilen sich in der Regel zu viele Schüler auf eine Lehrkraft. Dies hat zwei Probleme zur Folge. Zu allererst ist erneut der Aspekt Sicherheit zu nennen. Auch wenn es sich um schwimmfähige Kinder handelt, heißt das nicht zwingend, dass diese sich dauerhaft sicher im Becken bewegen können. Der zweite Aspekt ist die individuelle Förderung jedes einzelnen Schülers. Diese kann bei einer hohen Zahl an Übungsleitern, anders als bei nur einer Lehrkraft, deutlich verbessert werden. Die Gruppe kann in kleinere Untergruppen je nach Leistungsstand aufgeteilt werden. So können die Kinder individueller gefördert werden. Eine individuelle Förderung sollte möglichst immer das Ziel sein. Im Schwimmen ist dies jedoch besonders wichtig, da sich jeder unterschiedlich schnell mit dem Medium Wasser auseinandersetzen kann. Ein beispielhaftes Vorgehen in der Verteilung von Übungsleitern auf Kinder haben die meisten Vereine, die zumeist mit vier bis sechs Kindern pro Übungsleiter im Anfängerschwimmen beginnen und bei sicheren Schwimmern mit maximal 15 Kindern arbeiten. Auch wenn es aktuell ein unrealistisches Ziel ist, einen Betreuungsschlüssel wie im Verein zu erhalten, so ist es jedoch ein Unterscheidungsmerkmal sowie ein Hauptgrund für den Qualitätsunterschied zwischen Schule und Verein.

Individuelle Förderung von Schülern

Kurze Wasserzeiten

Da die wenigsten Schulen über ein eigenes Schwimmbad verfügen, findet der Schwimmunterricht zumeist in öffentlichen Schwimmbädern statt. Diese Schwimmbäder sind meist nur mit dem Bus zu erreichen. Um nicht schon Unterrichtszeit mit der An- und Abfahrt zu verlieren, wird zumeist die Zeit der großen Pause zur An- bzw. Abreise genutzt. Dies ist mit Blick auf die Unterrichtszeit sehr wichtig, führt jedoch dazu, dass den Kindern die Pausenzeit genommen wird.

Lange Fahrzeiten verkürzen den Unterricht

Auch die Umziehzeiten gestalten sich im Schwimmunterricht deutlich länger. Vor allem nach dem Unterricht muss deutlich mehr Zeit eingeplant werden als bei Sportunterricht in der Sporthalle. All diese Faktoren führen dazu, dass von einer Doppelstunde Schwimmen im Stundenplan (meist 90 Minuten) faktisch eine halbe Stunde bis maximal 45 Minuten Schwimmzeit übrigbleiben. Das macht die Schwimmstunden in der Schule sehr ineffektiv und zumeist auch unbeliebt.

Heterogene Gruppen

Wie bereits in einem der vorherigen Abschnitte kurz erwähnt, besteht ein weiteres Problem im Schwimmunterricht an Schulen in der Heterogenität der Gruppen. Wie in anderen Sportarten auch gibt es immer Kinder, die bereits seit vielen Jahren schwimmen, im Verein sind oder zumindest regelmäßig ihre Abzeichen machen. Auf der anderen Seite haben wir eine immer noch sehr große Gruppe von Kindern, die nicht schwimmen können (DLRG, 2017). Auch wenn die Gruppe derjenigen, die in weiterführenden Schulen nicht schwimmen können, vermutlich deutlich kleiner ist, reicht die Schwimmqualität trotzdem nicht aus, um mit der Gruppe mitzuhalten.

In der Sporthalle ist die Einbindung aller Kinder in den Unterricht deutlich leichter, da die Diskrepanz zwischen den besten und schwächsten nicht so groß ist und vor allem die Bewegung an Land für alle Schüler viel gewohnter ist. Zudem gibt es vor allem in den Sportspielen Konzepte, die es ermöglichen, alle am Spiel zu beteiligen. Hier sind zu allererst das genetische Lehren und Lernen (Loibl, 2001) und das Modell des teaching games for understanding zu nennen (Schul, 2016). Da solche Konzepte jedoch nicht auf Sportarten wie Schwimmen übertragbar sind, ist der entscheidende Hebel vermutlich eine Aufstockung des Personals.

Wenig/schlechtes Material

Um aus einer heterogenen Gruppe eine etwas homogenere zu machen, können Hilfsmittel eine adäquate Unterstützung sein. Einfache Schwimmhilfsmittel, wie z. B. ein Schwimmbrett oder ein Pullbuoy erhöhen den Auftrieb einer jeden Person und vereinfachen so das Schwimmen an der Wasseroberfläche. Leider sind die Hilfsmittel in öffentlichen Schwimmbädern nicht immer im besten Zustand oder in ausreichender Zahl verfügbar. Ein weiterer Mangel ist in der Qualität der Gerätschaften zu erkennen. Häufig sind die von Schulen genutzten Hilfsmittel das Lehrmaterial des Schwimmbades. Das bedeutet, dass jeder Schwimmgast die Möglichkeit hat, die Gegenstände zu entleihen. Ebenso werden die Gegenstände von anderen Schulen genutzt, die ebenfalls ihren Schwimmunterricht in diesem Schwimmbad durchführen. Die häufige Nutzung sowie der nicht immer sachgerechte Umgang mit den Materialien führen zu einem überdurchschnittlichen Verschleiß. Darüber hinaus sind die Materialien nicht immer auf dem neuesten Stand.

Fehlende Kontinuität

Da das Schwimmen nicht in jedem Schuljahr oder gar Halbjahr vorgesehen ist, führt das zu einer mangelnden Kontinuität im Lernprozess der Kinder. Die wenigen Inhalte, die in einem Halbjahr vermittelt werden können, sind bis zum nächsten Intervall Schwimmunterricht bereits wieder vergessen worden. Es lässt sich also nicht sukzessive aufeinander aufbauen, sondern es müssen immer wieder Abläufe wiederholt werden, die bereits geübt wurden.

Immer weniger Schwimmbäder

Leider ist der Schwimmunterricht für viele Schüler jedoch der einzige Weg ins Schwimmbad. Die Gründe dafür sind vielschichtig und liegen auf verschiedenen Ebenen. Die stetig steigenden Preise für den Schwimmbadeintritt und das „Schwimmbadsterben“ (Rheinische Post, 2018) sind nur zwei Aspekte. Um eine höhere Kontinuität in den Schwimmunterricht zu bringen und so möglicherweise die Zahl der Badeunfälle zu verringern, sind alle Verantwortlichen gefragt, das Angebot Schwimmen in der Schule attraktiver zu gestalten.

2.2 Innere Faktoren

Neben den äußeren Faktoren, die Schwimmunterricht unattraktiv machen, kommen zudem noch innere Faktoren, die den Ablauf des Schwimmunterrichts negativ beeinflussen:

Häufiger Unterrichtsausfall

Auf Grund der schwierigen Personalbedingungen an vielen Schulen mit einer zu geringen Zahl an Lehrkräften kommt es viel zu häufig zu Unterrichtsausfall (Deutschlandfunk, 2019) Im Vergleich zu den meisten anderen Fächern, kann der Sportunterricht jedoch nicht so leicht vertreten werden, da es dazu zwingend ausgebildeter Fachkräfte bedarf. Davon ist dann natürlich besonders der Schwimmunterricht betroffen. Neben den bereits genannten Problemen mit der Bäderinfrastruktur stellt die personelle Unterversorgung ein Hauptproblem für die Durchführung einer kontinuierlichen Schwimmausbildung in der Schule dar.

Brust oder nix

Bei der Schwimmtechnik ergeben sich ebenfalls Probleme zwischen der Schule und dem Verein. Denn technisch legen die Schulen nach wie vor extrem viel Wert auf Brustschwimmen. Die Problematik, die daraus resultiert, wird bereits im einleitenden Teil des Buches beschrieben. An diesem Beispiel zeigt sich leider die Trägheit des Systems.

Mangelnde Fortbildungen bei Lehrkräften

Im Gegensatz zu Trainern und Übungsleitern, die ihre Lizenz in regelmäßigen Abständen verlängern müssen, um die Lizenz weiterhin nutzen zu können, sind solche Mechanismen für Lehrkräfte nicht deutlich verankert. Es wäre jedoch auch nicht zumutbar, dass Sportlehrkräfte sich in allen Sportarten in der gleichen Frequenz fortbilden, wie z. B. Trainer und Übungsleiter. Trotzdem müssten tiefgreifende Veränderungen wie z. B. im Schwimmen lernen den verantwortlichen Sportlehrkräften einfacher zugänglich gemacht werden, so dass die Änderungen schneller im Schulalltag umgesetzt werden können.

Lösungsansatz

Sicherlich bestehen zwischen vielen dieser Aspekte Zusammenhänge. Es wird natürlich schwierig sein, all diese Probleme zu lösen. Zwei zentrale Bausteine dieser Lösung sollten jedoch zum einen kontinuierliche verpflichtende Fortbildungen für Sportlehrkräfte sein, da das Element Wasser spezielle Anforderungen stellt. Ein weiterer Lösungsansatz könnten enge Kooperationen zwischen Schulen und ortansässigen Vereinen sein. Dies hat mehrere Vorteile. Auf Seiten der Schulen wird sowohl der Personalschlüssel deutlich verbessert und selbst bei einem Ausfall einer Lehrkraft kann der Unterricht stattfinden. Des Weiteren können bei einer Kooperation die Materialien des Schwimmvereins mit genutzt werden. Damit erreicht man zum einen eine höhere Qualität im Unterricht und zum anderen verfügt der Verein möglicherweise über mehr bzw. neuere Hilfsmittel als es Schulen oder öffentliche Schwimmbäder tun. Es profitiert jedoch nicht zwingend nur die Schule von einer solchen Kooperation. Auch der Verein kann so zusätzliche Gelder gewinnen, um Trainer hauptamtlich anstellen zu können. Diese können dann am Vormittag den Schulunterricht bereichern und nachmittags das Vereinstraining leiten.

Kooperationen zwischen Schulen und Vereinen

Kapitel

3

Neue Wege in der Schule

3.1 Traditionelles Brustschwimmen

3.2 Brust, Arme, Kraul, Beine

3.3 Vorstellung des Konzeptes im Praktischen Teil

3.1 Traditionelles Brustschwimmen

Das Anfängerschwimmen hat sich in den letzten Jahren stark entwickelt. In vielen Schwimmvereinen hat sich es etabliert, dass mit den Wechselzugschwimmarten Kraul und/oder Rücken begonnen wird. Dies minimiert vor allem Fehler bei der Beinbewegung. Denn es wird der so komplexe Bewegungsablauf des Brustbeinschlages umgangen. Beim Kraulschwimmen wird die Atmung zur höchsten Hürde im Lernprozess. Allerdings ist es den Kindern in diesem Stadium bereits möglich, sich mit einem kontinuierlichen Beinschlag anzutreiben. Beim Rückenschwimmen ist häufig die Orientierung das größte Problem. Dies lässt sich durch eine engmaschige Betreuung regeln.

In der Schule hat sich dieser Wandel noch nicht durchgesetzt. Der eher traditionelle Ansatz des Brustschwimmens ist immer noch fest verankert. Wie in vielen anderen Dingen sind staatliche Organe meist deutlich langsamer und etwas rückständig in der Entwicklung. Es wäre wünschenswert, wenn der Prozess, der über die Schwimmverbände in die Vereine verbreitet wurde, auch den Weg in die Schule findet. Inzwischen hat zumindest in der universitären Lehre der Weg zu den Wechselzugschwimmarten stattgefunden. Wenn diese Lehrkräfte in die Schulen kommen, kann auch dort der Veränderungsprozess beginnen. Dies kann jedoch noch einige Jahre in Anspruch nehmen.

Grundübungen sind das A und O

Im Zuge des Wandels vom Brustbeinschlag hin zum Wechselbeinschlag dürfen natürlich wichtige Basics des Schwimmen Lernens nicht vergessen werden. Eine Schwimmausbildung ist ohne die richtige Vorbereitung nicht möglich. Immer wieder kommt es in der Schwimmausbildung zu Zeitdruck. Dadurch werden vor allem grundlegende Dinge wie das Schweben, Gleiten, Springen und Tauchen vernachlässigt. Gerade diese Vorübungen sind elementar für die Wasserlage und um eine mögliche Wasserangst zu vermeiden.

Auch in der Schule entstehen durch sehr wenige Stunden große Probleme, um die Basics zu festigen. Die geringe Frequenz an Unterrichtseinheiten und der enge Lehrplan lassen eine breite Grundlage nicht immer zu. Dabei kann eine gute und sichere Grundlage das Fundament sicheren Schwimmens sein. Hinzu kommt, dass mit einer solchen Grundlage das Erlernen und Steigerungen im Schwimmprozess sich deutlich verbessern.

3.2 Brust, Arme, Kraul, Beine

Alternativ zu dem traditionellen Ansatz und einem reinen Schwimmartenansatz in Kraul- oder Rückenschwimmen soll zu Beginn des Praxisteils ein Konzept vorgestellt werden, das einen Kompromiss zwischen diesen beiden sehr unterschiedlichen Ansätzen findet. Dieser Kompromiss besteht aus einer Kombination zwischen Wechsel- und Gleichzugschwimmarten. Im Detail sollen die Beine alternierend bewegt werden (also ein Kraulbeinschlag) und dazu bei den Armen ein Armzug durchgeführt werden. Die Kombination ist deutlich weniger fehleranfällig und somit vor allem für größere Gruppen gut umsetzbar. Für Schulen ist dies ein großer Vorteil. Dies ist jedoch nicht der einzige.

Dieser Ansatz hat offenkundig mehrere Vorzüge. Zu allererst ist bei einer Mischung mehrerer Schwimmarten ein koordinativer Aspekt zu nennen. Es werden bereits früh verschiedene Bewegungsmuster kennengelernt und geübt. Das alternierende Bewegungsmuster des Kraulbeinschlages lässt sich mit Bewegungen an Land vergleichen. Das Trainingsprinzip „vom Bekannten zum Unbekannten" ist hier als sehr entscheidend zu nennen. Im ersten Schritt wird der Beinschlag erlernt, dem wie bereits erwähnt die Gangbewegung an Land zu Grunde liegt. Es wird zunächst eine bekannte Bewegung an Land ins Wasser übertragen. Sobald diese Bewegung sicher durchgeführt wird kommen nach und nach neue Übungen dazu. Die Armbewegung des Brustarmzuges wird sukzessive erlernt. Die Atmung wird als letztes in die Bewegung integriert. Solange die Atmung noch nicht möglich ist und somit der Kopf dauerhaft draußen ist, sind die Kinder gezwungen, viel Beinarbeit zu machen. Auch das kommt einer zukünftigen Wasserlage sehr zugute.

Kombination aus leicht zu erlernenden Teilbewegungen

Ein weiterer Vorteil dieses Konzeptes ist der sehr gute Kompromiss aus Sicherheit und Einfachheit. Auf Grund der verringerten Fehleranfälligkeit beim Beinschlag benötigt man wie erwähnt nicht so viel Personal und eine solch engmaschige Betreuung wie beim Brustbeinschlag. Jedoch hat der Kraulbeinschlag auch den Vorteil, dass er einen dauerhaften Antrieb bietet. Das ist vor allem aus Gründen der Sicherheit ein enormer Vorteil. Durch die zu Beginn noch nicht so entscheidende Atmung ist der Kopf ständig über Wasser und der Übungsleiter hat immer den Überblick über alle Teilnehmer. Dazu kommt, dass ein weiterer Antrieb über den Armzug Vortrieb bringen kann. Dies hebelt das Problem der Wasserlage aus. Denn je schneller ein Körper schwimmt, desto mehr Auftrieb hat dieser. Damit fällt es gleichzeitig leichter, den

Beinschlag an der Wasseroberfläche zu machen. Da bei geringer Geschwindigkeit der Auftrieb nachlässt, sinken die Beine ab und es wird schwieriger, Vortrieb zu generieren. Auch diesen Teufelskreis soll dieses Konzept durchbrechen.

Wiederholen ohne Wiederholung

Bei der Festigung und Vertiefung von Techniken sind Variationen im Übungsprozess sehr wichtig. Ein entscheidendes Credo dabei ist „Wiederholen ohne Wiederholung". Das bedeutet, dass immer wieder Übungen mit dem gleichen Ziel wiederholt werden, ohne jedoch immer die gleiche Übung durchzuführen. Die Variationen können darin bestehen, dass sich die Art der Übungen unterscheiden. So können manche Übungen einzeln oder auch mit einem Partner gefestigt werden (Beispiel im Praxisteil). Weitere Möglichkeiten bestehen in der Schwerpunktsetzung. So kann ein und dieselbe Übung mehrere Aspekte des Schwimmstils verbessern. Als Lehrkraft hat man dann die Möglichkeit, diese Schwerpunkte zu wählen. Ein Beispiel dafür ist das Abspreizen des Daumens zum Ende der Druckphase im Kraulschwimmen. Dies kann zum einen eine taktile Hilfe für die Schwimmer sein, um zu wissen, wieweit sie die Hand unter Wasser führen. Zum anderen kann dies helfen, die Rückholphase des Armes nah am Körper durchzuführen und eine Vorübung bzw. ein Einstieg in den Reißverschluss sein.

Wechselbeinschlag

Ein weiteres Prinzip bei Erlernen, Festigen und Verbessern von Schwimmarten ist die Verminderung von Lernhilfen. So werden zu Beginn noch mehr Auftriebshilfen genutzt, die im weiteren Prozess verringert werden. Ein Beispiel wird im Praxisteil auf den Seiten 50–52 aufgegriffen. Hierbei wird der Kraulbeinschlag gefestigt. Zu Beginn geschieht dies mit einem Schwimmbrett. Das bietet für diese Übung am meisten Auftrieb. In weiteren Schritten kann diese Übung mit einem kleineren, einem Pullbuoy oder mit gestreckten Armen durchgeführt werden. Auftriebshilfen wie z. B. ein Brett können jedoch auch erschwerend hinzugenommen werden. Beispielsweise kann ein Brett anstatt es auf das Wasser zu legen auch ins Wasser gedrückt werden bzw. senkrecht gegen das Wasser gestellt werden, um den Widerstand zu erhöhen. Dann wird aus der Auftriebshilfe eine Erschwerung und somit eine Steigerung des Trainingseffektes.

Einsatz von Auftriebshilfen

Grundsätzlich sollten in der Schwimmausbildung so wenige Hilfsmittel wie möglich genutzt werden. Bei der Nutzung von Hilfsmitteln sollte jedoch wieder darauf geachtet werden, dass auch hier eine große Vielfalt genutzt wird und nicht immer die gleichen Hilfsmittel genutzt werden. Ebenso wichtig bei der Nutzung von Schwimmhilfsmitteln ist, dass diese das Schwimmen erleichtern und einen echten Mehrwert im

Lernprozess liefern und nicht die Tätigkeit am Beckenrand erleichtern, indem mehr Auftriebshilfen nur der Sicherheit der Person am Beckenrand dienen. Ein Schwimmhilfsmittel ist immer dann sinnvoll, wenn beispielsweise eine bestimmte Teilbewegung geübt werden soll. Dabei kann sowohl die betreffende Teilbewegung mit einer Auftriebshilfe versehen werden oder aber ein völlig anderer Teil des Körpers erhält eine Schwimmhilfe, so dass die Konzentration nur auf der zu übenden Teilbewegung liegt.

Wenn beispielsweise der Kraularmzug einarmig geübt werden soll, kann entweder ein Arm gestreckt auf einem Pullbuoy oder einem Brett abgelegt werden. Dann würde der Oberkörper einen erhöhten Auftrieb erhalten. Der Armzug mit nur einem Arm kann konzentrierter ausgeführt werden. Dazu wird ein kräftiger Wechselbeinschlag durchgeführt. Eine andere Art, den Kraularmzug einarmig zu üben, besteht darin, dass der Beinschlag mit Flossen unterstützt wird. Dabei führen die Beine mit Unterstützung der Flossen einen Wechselbeinschlag durch. Dies soll in erster Linie nicht einer Geschwindigkeitserhöhung dienen, sondern vielmehr einer Stabilisierung der Wasserlage. Die Arme erhalten dann keine zusätzliche Auftriebshilfe. Ein Arm führt einen kontrollierten Kraularmzug durch, während der andere Arm gestreckt im Wasser liegt. Dies schult zudem die Haltemuskulatur und unterstützt so auch das Schwimmen ohne Auftriebshilfen. Dieses Vorgehen lässt sich auf diverse weitere Übungen übertragen. Dabei sollte man der Kreativität freien Lauf lassen und es nicht bei den Beispielen in diesem Buch belassen. Mehrere Hilfsmittel sollten nicht innerhalb einer Übung genutzt werden, da dies häufig dazu führt, dass die Körperspannung verloren geht. Auch wenn viele Hilfsmittel erstmal eine bessere Wasserlage versprechen und möglicherweise auch ein höheres Gefühl der Sicherheit geben, ist dies nicht zu empfehlen. Ein zu hohes Gefühl an Sicherheit kann im schlimmsten Fall zu einer Überschätzung führen.

Im Anfängerschwimmen kann ein zu großes Sicherheitsgefühl noch bedrohlicher sein. So sollten alle Übungen, die mit Hilfsmitteln durchgeführt werden, regelmäßig auch ohne Auftriebshilfen durchgeführt werden. Gerade der Seestern, der im Lernprozess entscheidend ist, sollte immer wieder mit einer taktilen Unterstützung durchgeführt werden. So hat der Übungsleiter oder die Lehrkraft immer die Chance, den Lernprozess zu begleiten und zu überwachen. Ebenso kann entschieden werden, wie viel Auftriebshilfe gegeben werden muss. Dies geht bei einem Hilfsmittel nicht. Dies gibt jeder Person exakt den gleichen Auftrieb, unabhängig vom Bedürfnis.

Aus einem zweiten Grund ist der Seestern ein wichtiger Baustein im Schwimmenlernen. Denn sobald Kinder in der Lage sind, diese Position in Bauch- und Rückenlage durchzuführen, ist das Erlernen der Schwimmarten deutlich leichter. Gerade die Rückenlage stellt für viele Kinder im Wasser eine Hürde dar. Dies mag vor allem daran liegen, dass die Decke weit weg ist und keine Orientierung bietet. In Bauchlage lässt sich der Beckenboden zumeist sehen und die Kinder können sich jederzeit hinstellen. Aus diesem Grund ist das Schweben und Gleiten in Bauch- und Rückenlage so entscheidend, um mit den Schwimmarten zu beginnen. Ist dieser Prozess nicht gut und sicher abgeschlossen worden, macht es das für die nachfolgenden Lehrkräfte deutlich schwieriger.

Taktile Hilfen nutzen

3.3 Vorstellung des Konzeptes im Praktischen Bereich

Um den mehrfach genannten Problemen des Schwimmens in der Schule entgegenzutreten, sollen auf den folgenden Seiten Ideen gegeben werden, wie die Qualität im Schwimmunterricht mit einfachen Übungen erhöht werden kann. Den Autoren war es dabei wichtig, dass wenige Hilfsmittel genutzt werden, der Schwierigkeitsgrad der Übungen nicht zu groß ist und vor allem, dass alle Schwimmarten sowie Wendetechniken abgedeckt werden.

Im ersten praktischen Abschnitt wird noch einmal das praktische Vorgehen für das bereits vorgestellte alternative Konzept aus Brustarmen mit Kraulbeinen vorgestellt sowie einige Variationen zum Gleiten, da dies ein elementarer Faktor ist, um die Schwimmqualität zu verbessern.

Das Hauptaugenmerk soll jedoch nicht auf dem Schwimmenlernen oder dem Anfängerschwimmen liegen, sondern in der Verbesserung der Schwimmarten und welche Schritte dazu beitragen, dies zu tun. Dafür unterteilt sich der praktische Teil nach der Vorstellung des alternativen Anfängerkonzeptes in drei große Blöcke auf.

Alternativer Lernweg

Der alternative Lernweg soll es ermöglichen, sowohl koordinativ jeden einzelnen besser fördern zu können, dient aber auch dazu, eine große Anzahl von Schülern zum Lernziel zu führen. Dies kann durch die Kombination aus zwei vereinfachten Bewegungsmustern geschehen. Dieses Buch bietet darüber hinaus ein umfangreiches Portfolio an Übungen, um Bewegungen zu erlernen, zu festigen oder zu korrigieren. Es ist ein idealer Unterrichtsbegleiter in jeder Situation. Ebenso eignet es sich in der Unterrichtsplanung und Stundenvorbereitung als Nachschlagewerk.

Vor allem der Aufbau des praktischen Teils in diesem Buch hilft bei der Planung einer Unterrichtsstunde. Denn die Übungen können in vielen verschiedenen Facetten genutzt werden. In erster Linie eignen sich die Übungen zur Verbesserung der Technik, jedoch ist es genauso möglich, technische Fehler an Hand der Übungen zu beheben. Darüber hinaus finden sich im Übungsportfolio methodische Reihen zu komplexeren Übungen wie z. B. der Rollwende. Auch hier soll eine etwas unbekanntere Herangehensweise dazu führen, dass möglichst viele Kinder einen Lernerfolg erreichen können. Neben den methodischen Reihen gibt es weitere Übungen, die eng verwandt sind, jedoch nicht aufeinander aufbauen oder voneinander abhängig sind.

Die Fotos in den meisten Übungen zeigen eine markante Momentaufnahme. Dies führt dazu, dass nicht immer alles perfekt zu erkennen ist. Dafür steht der für die Übung wichtige Aspekt im Mittelpunkt. In der zum Bild gehörenden Beschreibung ist der genaue Bewegungsablauf in einem kurzen Text bzw. stichwortartig beschrieben. Diese Beschreibungen sollen helfen, aus den statischen Momentaufnahmen eine dynamische Vorstellung zu entwickeln.

Unterteilung des Praxisteils

Alle Übungen sind mit Kindern im Schulalter durchgeführt worden, so dass ein authentischer Schwierigkeitsgrad erreicht werden konnte. Je nach Übung wurde ein anderer Kamerawinkel genutzt und entschieden, ob ein Über- oder Unterwasserfoto die geeignetere Wahl ist. Insgesamt unterteilt sich der Praxisteil in drei große Abschnitte. In diesen Abschnitten werden Schwimmarten zusammengefasst. Die Wechselzugschwimmarten (Kraul und Rücken) finden sich im ersten Abschnitt. Darauf folgen die Gleichzugschwimmarten (Brust und Schmetterling) im zweiten Abschnitt. Im abschließenden Abschnitt sind die verschiedenen Wendeformen (Roll- und Kippwende) sowie die verschiedenen Startabläufe (Start vom Startblock und Rückenstart) dargestellt.

Der erste große Block kümmert sich vor allem um die Wechselzugschwimmarten. Es finden sich sowohl Übungen zum Beinschlag, zum Armzug sowie zur Atmung beim Kraulschwimmen. Kraul- und Rückenschwimmen sind die einzigen beiden Schwimmarten, die einen dauerhaften Vortrieb generieren. Außerdem sind sie sich sehr ähnlich in ihren einzelnen technischen Elementen. Daher lassen sich viele Übungen sowohl für das Kraul- als auch für das Rückenschwimmen nutzen.

Ein zweiter Schwerpunkt liegt auf den Gleichzugschwimmarten. Beim Brustschwimmen ist neben dem Erlernen und Festigen der Technik auch die Fehlerkorrektur der Schere ein wichtiger Aspekt. Fehlerkorrektur und Fehlervorbeugung ist ein zentraler Aspekt des praktischen Teils. Denn eine technisch gute Ausführung kann im Schwimmen einen sehr großen Vorteil bringen. Es macht einen noch nicht zum schnellsten Schwimmer, jedoch steht die Technik in ihrer Wichtigkeit deutlich über den konditionellen Fähigkeiten wie Kraft und Ausdauer.

Im dritten Block werden Übungen zum Startsprung und zur Wende vorgestellt. Dabei liegt der Schwerpunkt auf methodischen Reihen, die zum einen zum Erlernen von Starts und Wenden dienen können, jedoch lassen sich mit diesen Übungen auch problemlos Verbesserungen in diesen Elementen herstellen. Gerade bei der Wende ist es häufig ein Problem, dass Schüler vor der Wand die Geschwindigkeit reduzieren. Das hat zur Folge, dass man bei der Kippwende die Energie, die man in die Wand hineinbringt nicht nutzen kann. Bei der Rollwende hat das fast noch schwerwiegendere Probleme. Denn mit einer geringen Geschwindigkeit ist es sehr schwierig, eine gute Rolle durchzuführen. Es daher entscheidend, dass bei der Wende nicht nur die Übungen und Tipps aus dem praktischen Teil angewendet werden. Darüber hinaus sollten Lehrkräfte vor allem darauf achten, dass mit gleichbleibender Geschwindigkeit in die Wand hineingeschwommen wird.

Bei nahezu allen Übungen gibt es Variationen in der Schwierigkeit oder solche, die zu einer Vereinfachung führen. Ebenso wird erklärt, wozu diese Übung gut ist und für wen dies geeignet ist. Einen weiteren Hinweis gibt es zu den verwendeten Hilfsmitteln und worauf beim Einsatz der Hilfsmittel in der speziellen Übung zu achten ist.

Selbstverständlich erhebt dieses Werk keinen Anspruch auf Vollständigkeit. Die Kreativität der Lehrkraft soll nicht beschnitten werden. Im Gegenteil sollen diese Übungen vor allem Anregungen sein, verschiedene Übungen in den Alltag zu integrieren.

Kapitel

4

Vorbereitung auf die Praxis

4.1 Aufbau einer Übungsstunde im Wasser

Den Aufbau einer Sportstunde ist für Sportlehrkräfte eine Kernkompetenz. Bei der Planung und Durchführung von Schwimmunterricht haben die meisten Lehrkräfte nicht so viel Erfahrung. Daher agieren Lehrkräfte häufig unsicherer als in der Sporthalle. Das Element Wasser stellt weitere und neue Herausforderungen an sie. Viele Lehrkräfte berichten in Lehrgängen von Unsicherheiten, Bewegungen an Land zu beschreiben bzw. vorzumachen.

Ebenfalls schwer tun sich viele Lehrkräfte mit dem Einschätzen von Gefahren und Risiken im Schwimmunterricht. Es wird häufig früher eingegriffen, um Gefahrensituationen gar nicht erst entstehen zu lassen. Bei einer zu vorsichtigen Einschätzung kann es passieren, dass Schülern wichtige Erfahrungen verwehrt bleiben. Die Sicherheit im Schwimmbad hat jedoch immer die höchste Priorität. Besonderes Augenmerk liegt auf den für das Schwimmen notwendigen Elementen Springen und Tauchen.

Beim Springen und beim Tauchen gilt die zum einen einfache und zum anderen elementare Regel, dass pro Lehrkraft nur ein Schüler aktiv sein darf. Außerdem sollte beim Springen vom Beckenrand darauf geachtet werden, dass die Springenden weit genug auseinander stehen, um mögliche Kollisionen zu vermeiden. Beim Tauchen sollten häufig sehr beliebte Tauchspiele, bei denen mehrere Kinder gleichzeitig unter Wasser sind, dringend vermieden werden. Dies birgt gerade bei unsicheren Schwimmern unnötige Gefahren.

Ebenfalls ist wichtig, regelmäßig seine Gruppengröße zu prüfen und Schüler dringend dazu anzuhalten, sich für Toilettengänge etc. abzumelden. Nichts ist fataler, mit weniger Kindern das Schwimmbad zu verlassen, als man gekommen ist.

Der Aufbau einer Schwimmstunde unterscheidet sich nicht vom Aufbau einer „normalen“ Sportstunde. Jedoch ist es im Schwimmbad häufig problematischer, alle Schüler in Bewegung zu halten, um so allen einen guten Einstieg in die Stunde zu ermöglichen und alle aufzuwärmen. Um dies zu ermöglichen, werden auf den folgenden Seiten verschiedene Formen des Einstiegs für verschiedene Leistungsniveaus dargestellt.

4.2 Wege des Einstiegs

Der Schwimmunterricht bietet diverse Variationsmöglichkeiten, zu beginnen. Je nach Altersgruppe und Leistungsstand lassen sich verschiedene Einstiege finden. Auf den folgenden Seiten sollen nun für jedes Leistungsniveau sowohl Spiel- als auch Schwimmformen dargestellt werden. Bei allen aufgezeigten Trainings- oder Einschwimmplänen lassen sich sowohl die Streckenlänge als auch Schwimmarten sowie Hilfsmittel variieren. Die Kunst besteht darin, immer wieder neu kreativ zu werden, sich zu hinterfragen ob/wie Hilfsmittel nutzbar gemacht werden können bzw. notwendig sind. Wie bereits erwähnt, müssen sich Aufgaben im Trainingsprozess zwar wiederholen, jedoch sollten dabei trotzdem der Schwerpunkt oder das Hilfsmittel etc. wechseln.

Anfänger

Für Schwimmanfänger ist es sinnvoll, mit kurzen Intervallen zu arbeiten. Auch beim Einschwimmen kann man dies bereits nutzen. Dabei können vor allem koordinative Ziele verfolgt werden.

Alternativ zu einem Einschwimmen können hier auch Spielformen genutzt werden. Eine davon ist das Atomspiel. Dieses Spiel eignet sich auch hervorragend für große Gruppen. Entsprechend der Schwimm-

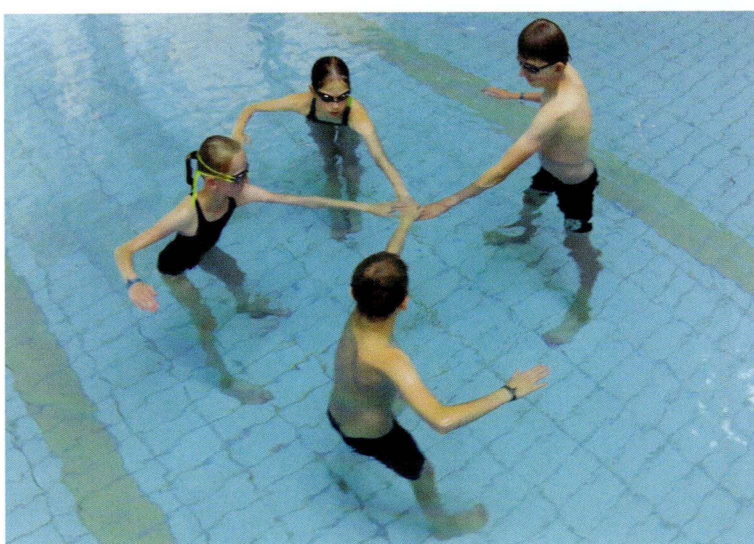

Abb. 1: Atomspiel

fähigkeit der Kinder bewegen sich diese mit unterschiedlichen Bewegungsaufgaben „kreuz und quer“ durch das Wasser. Auf Zuruf des Lehrers wird die Bewegung gestoppt und eine Gruppenaufgabe gestellt. Dies kann z. B. das Ziehen des Partner (2 Personen) durch das Wasser, oder auch das Stellen einer Windmühle (4 Personen, s. Abb. 1) sein. Hierbei können Kinder und Jugendliche ihre Schwimmfähigkeit erproben, können jedoch auch immer wieder Pausen einlegen. Ein Hub-Boden für eine angemessene Beckentiefe ist hier natürlich von Vorteil.

Eine weitere Spielform, um Schülern den Bewegungsraum Wasser näher zu bringen, ist Aquaball. Dabei spielen zwei Mannschaften in hüfthohem Wasser gegeneinander. Die Spieler können sich schwimmend oder gehend im Wasser bewegen, wobei der Ballführende sich nicht bewegen darf. Die Mannschaft, die die meisten Tore erzielt, gewinnt das Spiel. Dieses Spiel bietet eine Vorform des Wasserballs. Spiele im Wasser bieten sich an, um Angst vor dem Wasser zu reduzieren und einen positiveren Umgang mit dem Medium zu erreichen. Außerdem können in diesem intuitiven Spiel auch Kreativität und Spielverständnis für weitere Spiele geschult werden. Ein weiterer positiver Effekt ist, dass beim Aquaball die Regeln des Fairplay gelten und kein Schiedsrichter vorgesehen ist. Das soll Lehrkräfte nicht aus der Verantwortung nehmen, jedoch werden die sozialen Kompetenzen der Schüler verbessert.

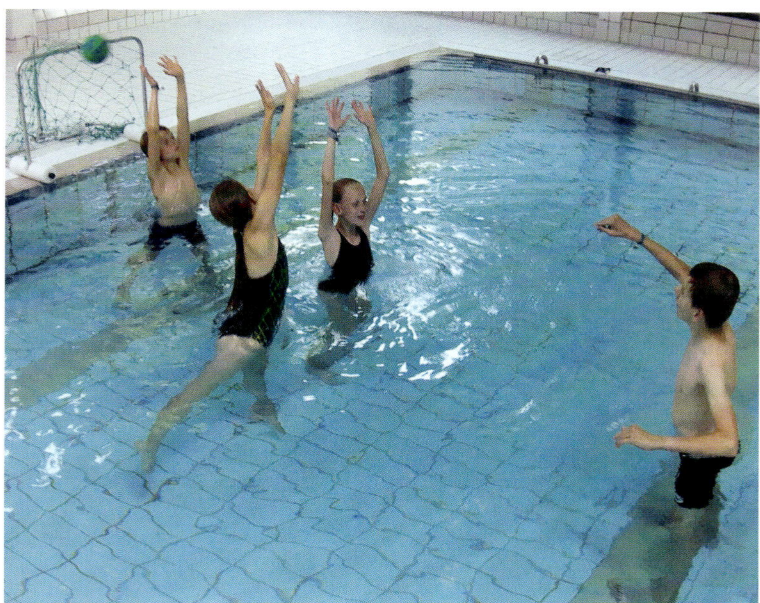

Abb. 2: Aquaball

Fortgeschrittene

Bei fortgeschrittenen Schülern können die Aufgaben im Einschwimmplan schon etwas komplexer sein. Hierbei steht neben den weiterhin dominanten koordinativen Aspekten vor allem die Vorbereitung auf erste konditionelle Aspekte an. Beispielhaft dafür ist der Trainingsplan:

Tab. 1: Trainingsplan Fortgeschrittene

100 Meter	Erwärmung	Beliebig Einschwimmen
25 Meter	Koordination	Kombination: Kraul Beine / Brust Arme
25 Meter		Kombination: Brust Beine / Kraul Arme
25 Meter		Partnerübung: Spiegelschwimmen Kraul (S. 70)
25 Meter		Partnerübung: Synchronschwimmen Kraul
4x50 Meter	Korrektur-übungen	max. 2-3 Übungen zur Verbesserung des Kraularmzugs. Beispielsweise (S. 69 ff.)
100 Meter	Festigung der Technik / Ausdauer	Kraul Gesamtbewegung
100 Meter		Beliebig Brust oder Rücken
50 Meter		Kraul Arme
50 Meter		Kraul Beine
50 Meter	Ausklang	Lockeres Aussschwimmen oder z. B. Fußwärts schwimmen, Zehen schauen aus dem Wasser, oder Altdeutsch („Brust" auf dem Rücken)

Auch für Fortgeschrittene können sich Spielformen zur Vorbereitung auf den Schwimmunterricht noch anbieten. Hier sollte natürlich der Schwimmanteil deutlich erhöht werden. Sollte ein Hub-Boden zur Verfügung stehen, wäre es sinnvoll diesen herunterzufahren, so dass die Schwimmqualität erhöht wird.

Was in der Sporthalle funktioniert geht im Wasser oft auch

Bei der Auswahl einer möglichen Spielform im Schwimmunterricht für Fortgeschrittene sind der Kreativität des Lehrers keine Grenzen gesetzt. Vor allem sollte man sich überlegen, welche Spielformen sich bereits in der Sporthalle etabliert haben. Meist lassen sich diese Spiele mit ein paar Veränderungen auch in einem Schwimmbecken, oder möglicherweise auch nur auf einzelnen Bahnen spielen. Wie wäre es daher einmal mit einer Runde Brennball im Wasser? Auch die klassischen Fangspiele wie „Fischer, Fischer" lassen sich hervorragend im Wasser spielen.

4.3 Merkmale der Schwimmarten

Rücken

Das Rückenschwimmen ist eine Wechselzugschwimmart und zeichnet sich durch eine sehr gerade Wasserlage aus. Diese beschreibt man auch als Gleitbootlage. Dabei liegt der Kopf in der Verlängerung der Wirbelsäule auf dem Wasser. Der Blick ist starr nach oben gerichtet. Die Arme bewegen sich alternierend mit rückwärtskreisenden Schultern in der Grobform wie die Räder einer Windmühle rückwärts durchs Wasser. In einer feineren Form, die als Zielform dienen soll, tauchen die Hände mit dem kleinen Finger zuerst in Verlängerung der Schulter auf ungefähr 11 und 1 Uhr ein. Die Arme befinden sich in einer 180°-Phasenverschiebung. Das bedeutet, dass wenn der eine Arm oberhalb der Schulter in das Wasser eintaucht, verlässt die andere Hand mit dem Daumen zuerst das Wasser neben dem Oberschenkel. Um den Schwimmstil möglichst ökonomisch zu gestalten, wird die Schulter des über Wasser in Schwimmrichtung beförderten Armes angehoben. Die andere Schulter sinkt in diesem Moment ab um den Unterwasserzug zu optimieren. Diese Rotation im Oberkörper ist beim Rückenschwimmen entscheidend, um nach dem Eintauchen oberhalb der Schulter den Ellenbogen abzuknicken, damit dieser die Ellenbogenvorhalteposition einnehmen kann. Diese Ellenbogenvorhalteposition ist im Schwimmen sehr wichtig und wird in jeder Schwimmart benötigt. In dieser Position wird der Arm im Wasser verankert, um den Körper über den Arm in Schwimmrichtung zu befördern. Der Armzug endet, wenn die Hand neben dem Oberschenkel angekommen ist. Dann wird die Hand mit dem Daumen voran aus dem Wasser geholt und mit gestrecktem Arm zurück in die Ausgangsposition über die Schulter geführt. Auch hier ist die bereits angesprochene Rotation wichtig, da sich in diesem Moment die Schulter möglichst über Wasser befindet. Die Atmung beim Rückenschwimmen ist recht problemlos. Empfohlen wird bei jedem zweiten Armzug einzuatmen und bei dem jeweils dazwischenliegenden auszuatmen.

Der Beinschlag wird mit einer alternierenden Auf- und Abwärtsbewegung in der Hüfte eingeleitet. Der Impuls wird in den Oberschenkel übertragen. Über das Knie wird der Impuls in den Unterschenkel übertragen. Abschließend übertragt das Fußgelenk den Impuls in den Fuß der peitschenartig schlägt. Dabei ist es wichtig, dass der Beinschlag immer unter Wasser stattfindet. Im Rückenschwimmen ist die Aufwärtsbewegung der Beine besonders wichtig. Sobald die Füße knapp unter der Wasseroberfläche sind, wird das Bein wieder in die Ausgangsposition geführt.

Kraul

Auch das Kraulschwimmen ist eine Wechselzugschwimmart. Es ist die schnellste Schwimmart und wird im Wettkampfbetrieb beim Freistil Schwimmen genutzt. Es besteht eine hohe Übereinstimmung mit dem Rückenschwimmen. Der Beinschlag ist ebenfalls eine alternierende Bewegung, die in der Hüfte beginnt. Lediglich die Körperlage ist verschoben. Im Gegensatz zum Rückenschwimmen wird beim Kraulschwimmen der Abwärtsschlag der Beine besonders betont und die Aufwärtsbewegung in die Ausgangsposition wird aktiv ausgeführt, um einen dauerhaften Vortrieb zu erzeugen. Für eine flüssige Fortbewegung wird ein Sechserbeinschlag empfohlen. Das bedeutet, dass sechs Beinschläge auf zwei Armzüge (je einen mit dem rechten und einem mit dem linken Arm) durchgeführt werden.

Wie im Rückenschwimmen ist der Arm in der Ausgangsposition in gestreckter Position vor der Schulter (11 und 1 Uhr). Aus dieser Position wird der Arm anders als beim Rückenschwimmen abwechselnd nach vorne bewegt. Einen weiteren Unterschied zum Rückenschwimmen gibt es in der Armkoordination. Die Armbewegung findet im Gegensatz zum Rückenschwimmen in einer 90°-Phasenverschiebung statt. Das bedeutet, wenn der eine Arm vorne gestreckt ist, befindet sich der andere Arm senkrecht unter der Schulter in der bereits erwähnten Ellenbogenvorhalteposition. Schematisch ergibt sich also ein rechter Winkel zwischen dem gestreckten Arm und dem anderen Arm, wo sich Schulter, Ellenbogen und Hand in einer Ebene befinden. Genau in diese Ellenbogenvorhalteposition wird der Arm aus der gestreckten Ausgangsposition geführt. Im Anschluss daran wird der gebeugte Arm I-förmig bis zum Bauchnabel gezogen. Von dort aus wird der Arm nach außen in Richtung Oberschenkel geführt und verlässt das Wasser gestreckt neben dem Oberschenkel.

In der Rückholphase ist es wichtig, dass der Arm nah am Körper nach vorne geführt wird. Dazu sollte der Arm erneut gebeugt werden, um mit einem hohen Ellenbogen zurück in die Ausgangsposition gebracht zu werden. Zur Vereinfachung kann bei Kindern und Jugendlichen der „Merksatz“ Beugen Strecken unter Wasser und Beugen Strecken über Wasser genutzt werden.

Die Atmung beim Kraulschwimmen kann zum Problem werden, wenn sie zum falschen Zeitpunkt oder nicht komplett genutzt wird. Die Atmung beim Kraulschwimmen erfolgt zur Seite. Verlässt der Arm gestreckt neben dem Oberschenkel das Wasser, wird der Kopf zu dieser

Seite zum Atmen gedreht. Sobald der Arm in der Rückholphase auf Schulterhöhe ist, muss die Atmung beendet werden und der Kopf zurück ins Wasser gedreht werden. Im Wasser findet dann die Ausatmung statt, da die seitliche Atmung beim Kraulschwimmen keine Ein- und Ausatmung zulässt.

Brust

Die technisch anspruchsvollste Schwimmart ist mit Sicherheit das Brustschwimmen. Das Brustschwimmen beinhaltet die mit Abstand schwierigste Beinbewegung. Auch die Koordination der Arme und Beine stellt häufig eine Schwierigkeit dar. Denn beim Brustschwimmen findet kein kontinuierlicher Vortrieb mit einer gleichzeitigen Bewegung der Arme und Beine statt, sondern die Bewegungen starten zeitversetzt, müssen jedoch gleichzeitig enden, um eine optimale Gleitphase generieren zu können.

Das Brustschwimmen ist eine Gleichzugschwimmart, das bedeutet, dass die Arme gleichzeitig bewegt werden. Dort findet auch die Auftaktbewegung statt. Dazu werden die Arme aus der Streamline-Position mit einer Halbkreisbewegung in die Ellenbogen-Vorhalteposition geführt. Aus dieser Position werden die Arme vor dem Körper zusammengeführt. Zunächst werden die Hände zusammengeführt, die dann eng mit geschlossenen Ellenbogen schnell an der Wasseroberfläche nach vorne geführt werden. Die Bewegung findet durchgehend in einer Geschwindigkeit statt, bis die Hände zusammengeführt sind. In diesem Moment wird die Bewegung beschleunigt, bis die Hände gestreckt vor dem Kopf liegen. Dort gibt es eine Gleitpause. Eine weitere Pause während der Atmung in der Ellenbogenvorhalte gibt es nicht. Die Atmung beim Brustschwimmen ergibt sich aus dem Rhythmus des Armzuges. Der Kopf liegt zunächst gestreckt, in Verlängerung der Wirbelsäule, im Wasser. In der Aufwärtsbewegung der Arme bis hin zur Ellenbogenvorhalte wird der Kopf leicht angehoben. Beim Zusammenführen der Hände vor den Schultern und dem damit einhergehenden Aufstellen des Oberkörpers kann geatmet werden. Durch das Aufstellen des Oberkörpers ergibt sich ein Strömungsschatten hinter dem Körper. Dieser wird optimaler Weise für den Beinschlag genutzt.

Der Beinschlag wird bei der Aufwärtsbewegung der Arme kurz vor dem Erreichen der Ellenbogenvorhalte eingeleitet. Dort ist es sehr wichtig, dass von Anfang an die Füße parallel und auf derselben Höhe geführt werden. Wenn dies engmaschig kontrolliert wird, können Fehlerbilder, wie beispielsweise eine Schere, vermieden werden. Zunächst werden die Fersen zum Gesäß geführt. Dabei ist es wichtig, dass diese Bewegung im bereits erwähnten Strömungsschatten passiert, um keine zusätzlichen Widerstandsflächen für das Wasser zu bieten. Aus dieser Position des Anfersens werden die Füße mit angezogenen Zehen nach außen gestellt. Die Fersen sollten möglichst nah zusammen sein, um nun kreisförmig nach hinten zusammen geschwungen werden zu können. Dabei ist es entscheidend, dass die Füße in der Endposition zusammen sind. Ähnlich wie in der Armbewegung beginnt der Beinschlag mit einer moderaten Geschwindigkeit. Nach dem Anfersen und Ausstellen der Füße muss der Beinschlag beschleunigt werden, bis die Füße zusammen sind. Im besten Fall werden die Beine in dem Moment geschlossen, wenn die Arme beim Armzug nach vorne geschoben werden. Das ermöglicht den größtmöglichen Vortrieb in die Gleitphase hinein.

Schmetterling

Der richtige Rhythmus ist das entscheidende Kriterium beim Schmetterlingsschwimmen. Auf einen Armzug werden zwei Beinschläge durchgeführt. Der Zeitpunkt dieser Beinschläge ist entscheidend für den Vortrieb im Wasser. Auch beim Schmetterlingsschwimmen sind in der Ausgangsposition die Arme gestreckt. Zunächst werden die Arme auch beim Schmetterlingsschwimmen ähnlich wie im Brustschwimmen gleichzeitig aus der gestreckten Position in die Ellenbogenvorhalte gebracht. Aus dieser Position werden die Arme ähnlich wie beim Kraulschwimmen zunächst in Richtung Bauchnabel geführt. Vom Bauchnabel wird die Bewegung bis zu den Oberschenkeln fortgesetzt – diesmal jedoch beide Arme gleichzeitig und nicht nacheinander versetzt wie beim Kraulschwimmen. In der Überwasserphase werden die Arme ebenfalls gleichzeitig nach vorne geführt. Dies geschieht mit gestreckten Armen seitlich am Körper vorbei und knapp über der Wasseroberfläche. Die Atmung erfolgt in der Rückholphase der Arme. Sobald die Arme mit Hilfe eines Kicks (siehe nächster Abschnitt) das Wasser verlassen haben, wird der Kopf zum Atmen aus dem Wasser gehoben. Kurz bevor die Arme dann in der Überwasserphase auf Schulterhöhe sind, wird der Kopf zurück ins Wasser gelegt. Als Anfänger macht es Sinn, das Schmetterlingsschwimmen noch kopfgesteuert zu erlernen. Im späteren Verlauf ist es dann wichtig, dass der Kopf ruhig bleibt und nur zur Atmung leicht angehoben wird.

Der Beinschlag beim Schmetterlingsschwimmen wird auch Kick genannt und zeichnet sich durch eine gleichzeitige Bewegung aus. Beim

Erlernen des Beinschlages kann diese Bewegung aus der (noch kopfgesteuerten) Körperwelle entstehen. Im späteren Verlauf entsteht diese Welle im Bereich des Bauches. Wie bereits erwähnt, werden zwei Beinschläge während eines Armzuges durchgeführt. Der erste Beinschlag findet kurz nach dem Eintauchen der Arme, jedoch vor der Ellenbogenvorhalte statt. Der zweite Beinschlag wird, wie bereits erwähnt, mit dem Verlassen der Hände aus dem Wasser durchgeführt. Durch den höheren Wasserwiderstand und die längere Bewegung der Arme unter Wasser finden die beiden Beinschläge nicht in regelmäßigen Abständen statt. Vielmehr ist die Pause zwischen dem ersten und dem zweiten Beinschlag innerhalb eines Zuges länger als die Pause zwischen dem zweiten Beinschlag und dem ersten Beinschlag des Folgezuges. Aus diesem Grund gibt es auch im Schmetterlingsschwimmen keinen kontinuierlichen Vortrieb. Die Geschwindigkeitsunterschiede zwischen Antriebs- und Gleitphase sind nicht so hoch wie beim Brustschwimmen, jedoch trotzdem spürbar. Dies macht die Gesamtkoordination im Schmetterlingsschwimmen schwieriger als es im ersten Augenblick scheint. Ein weiterer Aspekt, warum das Schmetterlingsschwimmen deutlich anspruchsvoller ist als die Wechselzugschwimmarten, ist die Atmung nach vorne. Dies führt häufig zu einem unrunden Armzug bzw. zu einem zu spät ins Wasser geführten Kopf, was den Rhythmus stark einschränkt.

4.4 Glossar & Hilfsmittel

Fachbegriff	Erklärung
Brett	Ein Schwimmbrett wird meist zum isolierten Training des Beinschlages genutzt. Im Praxisteil ist dies auch abgebildet.
Ellbogenvorhalte auch „Catch Position" genannt	Die Ellenbogenvorhalteposition ist eine der wichtigsten Positionen beim Armzug im Schwimmen. Es beschreibt die Position kurz nach der Auftaktbewegung in der Schwimmarten in der die Hand, der Ellenbogen und die Schulter in einer Ebene befinden. Dabei ist es wichtig, dass Ellenbogen und Hand während bis zur Rückholphase in einer Ebene verbleiben.
Lage	Lage beschreibt die Position, wie ein Schwimmer im Wasser ausgerichtet ist. Es wird zwischen Bauch-, Rücken- und Seitlage unterschieden.

Fachbegriff	Erklärung
Poolnoodle	Die Poolnoodle ist eine vielseitig einsetzbare Schwimmhilfe. Vorrangig kommt sie im Anfängerschwimmen zum Einsatz. Jedoch kann sie auch beim Erlernen der Schwimmarten (vor allem beim Brustarmzug) genutzt werden, wie im Praxisteil deutlich wird.
Pullbuoy	Ein Pullbuoy ist wie das Schwimmbrett ein Hilfsmittel, was vor allem zur Verbesserung der Schwimmarten genutzt wird. Allerdings ist nicht nur ein Einsatz zur Stabilisierung der Wasserlage und zur Verbesserung des Armzuges möglich. Der Praxisteil zeigt, dass es auch weitere interessante Anwendungsfelder gibt.
Pullkick	Ein Pullkick ist eine Mischform zwischen dem Schwimmbrett und einem Pullbuoy. Es wird vor allem im Vereinsbetrieb eingesetzt. Es kann jedoch auch für Schulen, Schwimmbäder oder Universitäten eine kostengünstige Alternative sein. Denn so muss nur ein Hilfsmittel angeschafft werden, da ein Pullkick sowohl als Schwimmbrett als auch Pullbuoy genutzt werden kann.
Schwimmart	Entgegen des gängigen Sprachgebrauches gibt es in der Fachsprache einen Unterschied zwischen dem Begriff Schwimmart und Lage. Dabei werden die vier im Wettkampfsport praktizierten Schwimmarten unterschieden: Schmetterling, Rücken, Brust und Kraul.
Streamline (-position)	Die Streamlineposition beschreibt die optimale Gleitposition beim Schwimmen. Dabei liegen die Hände aufeinander, die Arme sind gestreckt und es wird versucht, sich so schmal wie möglich zu machen, um so dem Wasser so wenig Widerstand wie möglich zu bieten.

Kapitel

5

Praxis in den Schwimmarten

5.1 Vorbereitende Übungen

5.2 Übungen zu den Wechselzugschwimmarten

5.3 Übungen zu den Gleichzugschwimmarten

5.4 Übungen zu Starts und Wenden

5.1 Vorbereitende Übungen

Seite	Übungen		Hilfsmittel
39	1	Passives Gleiten	
40	2	Kontrastgleiten Beine	
41	3	Kontrastgleiten Arme	
42	4	Aktives Gleiten Bauchlage	
43	5	Aktives Gleiten Rückenlage	
44	6	Seestern in Bauchlage	
45	7	Seestern in Rückenlage	
46	8	Seestern ohne Arme	
47	9	Wechselbeinschlag Beckenrand	
48	10	Wechselbeinschlag mit Brett	
49	11	Wechselbeinschlag mit Pullbuoy	
50	12	Wechselbeinschlag in Streamline	
51	13	Brustarmzug stehend	
52	14	Brustarmzug im Gehen	
53	15	Vorübung Brustarmzug mit Wechselbeinschlag	Poolnoodle
54	16	Zielübung Brustarmzug mit Wechselbeinschlag	

1

Passives Gleiten

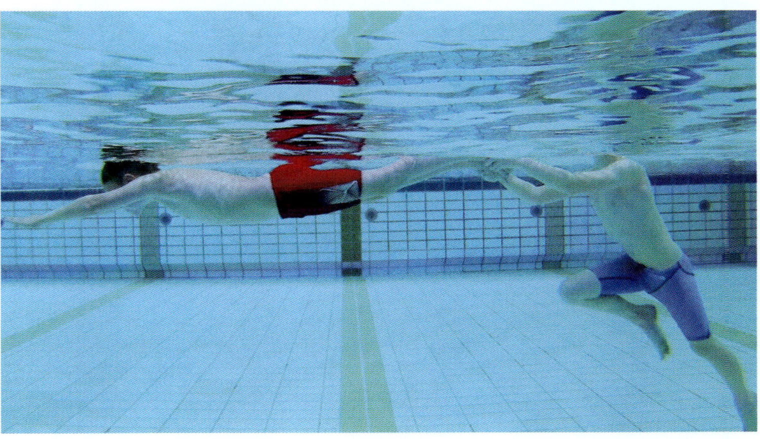

Abb. 3

Das passive Gleiten ist ein wichtiger Einstieg in das Schwimmenlernen nach der Wassergewöhnung. Es handelt sich um eine Partnerübung, bei der ein Partner den anderen anschiebt.

- Vorderer Partner befindet sich in optimaler Gleitlage mit den Armen als Pfeilspitze (Streamline).
- Der hintere Partner schiebt den vorderen Partner durchs Becken (siehe Abb. 3).
- Um das Gleiten spüren zu können, stößt die schiebende Person den Partner leicht nach vorne und löst dabei die Hände. Nach einem kurzen Moment des Gleitens greifen die Hände wieder zu. Dies sollte mehrmals wiederholt werden, um die Gleitphasen zu verlängern und das Vertrauen in die Tragfähigkeit des Wassers zu erhöhen.

Kontrastgleiten Beine

2

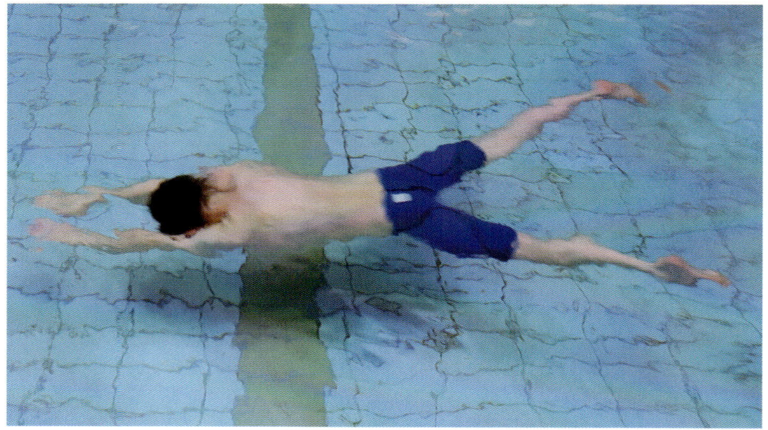

Abb. 4

Das Kontrastgleiten bietet die Möglichkeit, den Wasserwiderstand am eigenen Körper zu erfahren. Für Kinder ist das eine besonders wichtige Erfahrung, um sich mit dem Medium Wasser vertraut zu machen.

- Abstoß vom Beckenrand in Bauchlage.
- Beine bei maximaler Geschwindigkeit spreizen.
- Weitergleiten bis zum Stillstand.

Ziel der Übung: Das abrupte Abbremsen vermittelt sofort das Gefühl, dass im System etwas nicht stimmt. Dieses Gefühl ist wichtig, um im weiteren Verlauf des Schwimmenlernens Bewegungen zu ökonomisieren und dies auch artikulieren zu können.

3 Kontrastgleiten Arme

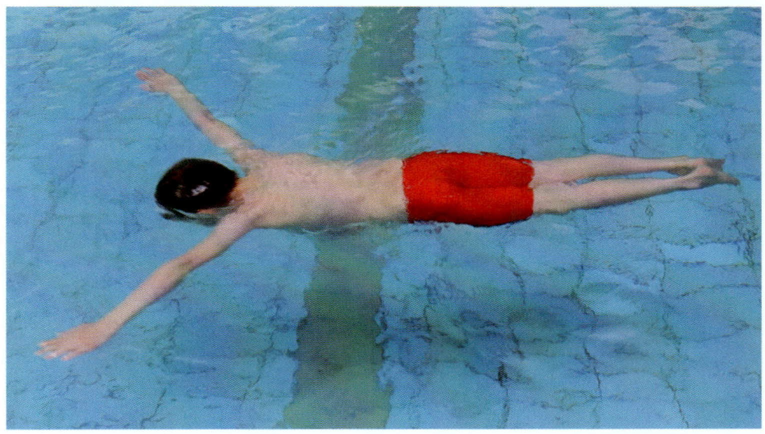

Abb. 5

Ähnlich wie beim Kontrastgleiten mit gespreizten Beinen vermittelt das Kontrastgleiten mit geöffneten Armen das Gefühl der Geschwindigkeitsregulierung.

- Abstoß von der Wand.
- Arme bei maximaler Geschwindigkeit öffnen.
- Weitergleiten bis zum Stillstand.

Beim Kontrastgleiten sind der Lehrperson keine Grenzen in der Kreativität gesetzt. Wichtig ist lediglich, dass aus der perfekten Streamline ein klarer Kontrast zu erkennen ist und die Geschwindigkeit merklich reduziert wird.

Aktives Gleiten Bauchlage

4

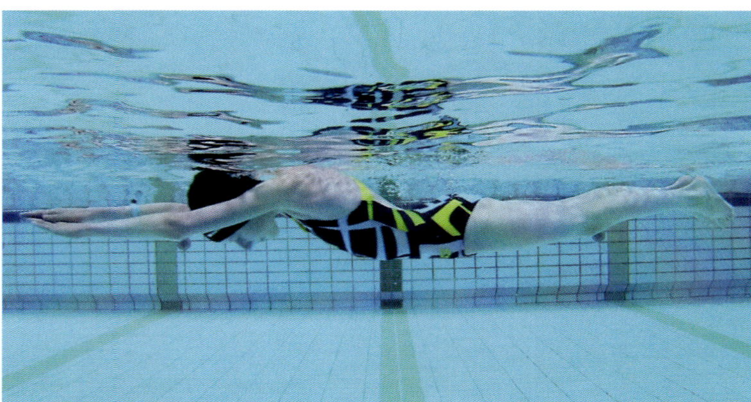

Abb. 6

Das aktive Gleiten unterscheidet sich vom passiven Gleiten dadurch, dass man sich selbst antreibt. Dabei ist die bereits angesprochene Streamline-Position sehr wichtig. Das aktive Gleiten in Bauchlage untergliedert sich in drei Teilabschnitte.

- Abstoß in Bauchlage unter Wasser von der Wand.
- Geschwindigkeit des Abstoßes nutzen und in Streamline an die Wasseroberfläche gleiten.
- Weitergleiten bis zum Stillstand.

5 Aktives Gleiten Rückenlage

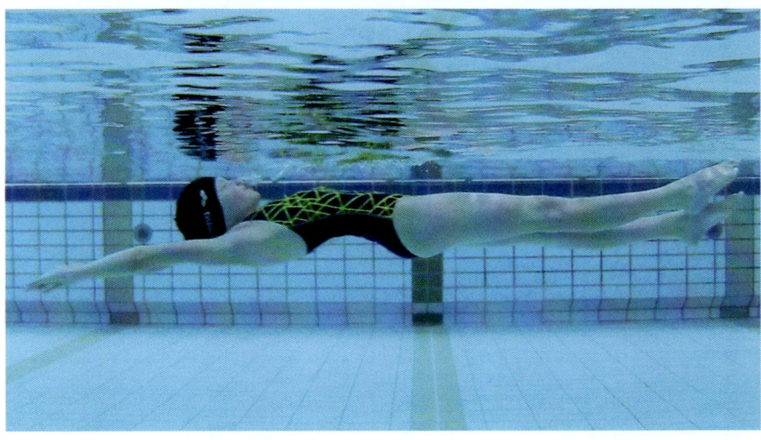

Abb. 7

Genau wie beim aktiven Gleiten in Bauchlage lässt sich diese Übung in drei Teilschritte unterteilen.

- Abstoß in Rückenlage unter Wasser von der Wand.
- Geschwindigkeit des Abstosses nutzen und in Streamline an die Wasseroberfläche gleiten.
- Weitergleiten bis zum Stillstand.

Seestern in Bauchlage

6

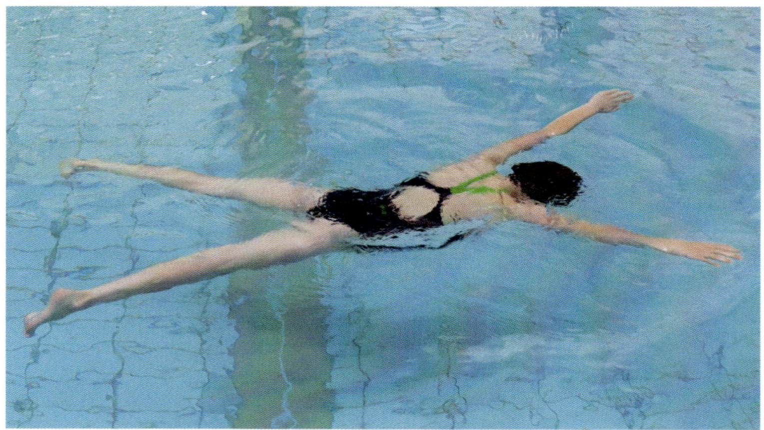

Abb. 8

Neben dem Gleiten ist das Schweben besonders wichtig im Erlernen des Schwimmens. Um die „Schwebefähigkeiten" des Kindes im Wasser zu testen, eignet sich der Seestern als optimale Übung.

- In Bauchlage auf das Wasser legen.
- Arme und Beine vom Körper abspreizen (Seestern).
- Kopf ins Wasser als Verlängerung der Wirbelsäule (Abb. 8).

7 Seestern in Rückenlage

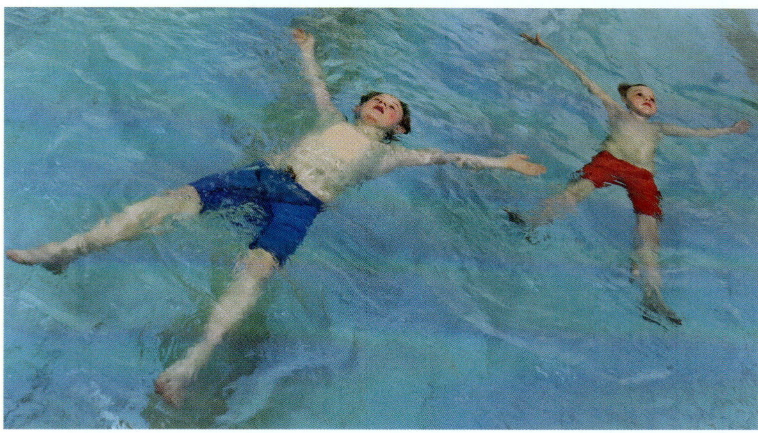

Abb. 9

Ähnlich wie bei beim Gleiten kann auch der Seestern in Bauch- und Rückenlage geübt werden.

- In Rückenlage auf das Wasser legen.
- Arme und Beine vom Körper abspreizen (Seestern).
- Blick zur Decke mit dem Kopf als Verlängerung der Wirbelsäule (Abb. 9).

Seestern ohne Arme

8

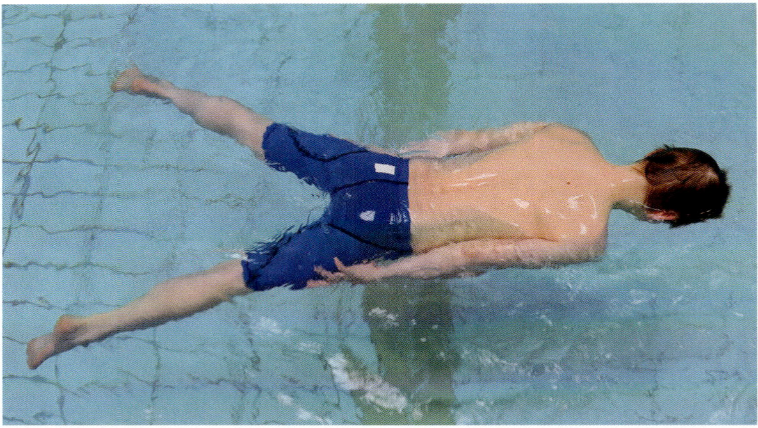

Abb. 10

Als Progression zum Seestern können die Arme an den Körper angelegt werden und nur noch die Beine abgespreizt werden (Abb. 10).

- In Bauchlage auf das Wasser legen.
- Beine vom Körper abspreizen und die Hände an die Hüften.
- Kopf ins Wasser als Verlängerung der Wirbelsäule (Abb. 10).

Sobald in der Seestern-Position die Hände an die Oberschenkel angelegt werden können und das Schweben an der Wasseroberfläche weiterhin gegeben ist, ist ein optimaler Zeitpunkt, den Beinschlag zu implementieren.

Diese Position ist ebenso wie der Seestern (Seite 44 und 45) auch in Rückenlage möglich. Die Rückenlage ermöglicht es dann, den Wechselbeinschlag in Vorbereitung zum Rückenschwimmen zu beginnen.

9 Wechselbeinschlag Beckenrand

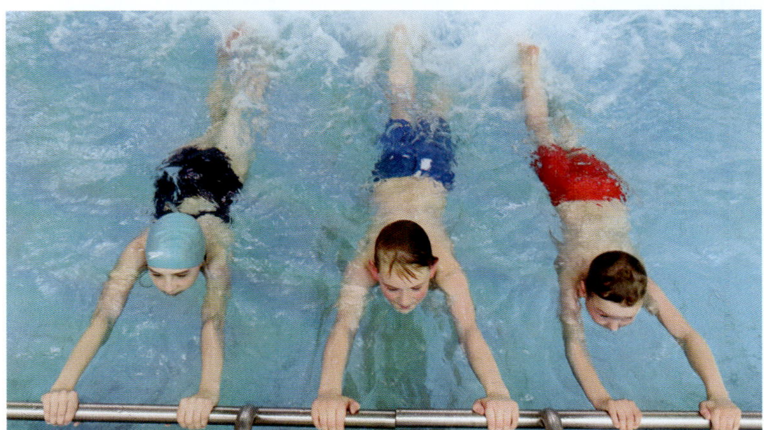

Abb. 11

Der Wechselbeinschlag lässt sich am besten in der Dynamik erlernen und festigen. In größeren Gruppen lässt es sich meist kaum verhindern, den Wechselbeinschlag am Beckenrand zu üben. Dafür versammeln sich die Kinder am besten am Beckenrand (Abb. 11).

- Gestreckte Arme und gerade Körperposition.
- Beinschlag aus der Hüfte, gestreckte Füße.
- Füße bleiben im Wasser, es schauen höchstens die Fußsohlen heraus.

Wechselbeinschlag mit Brett

10

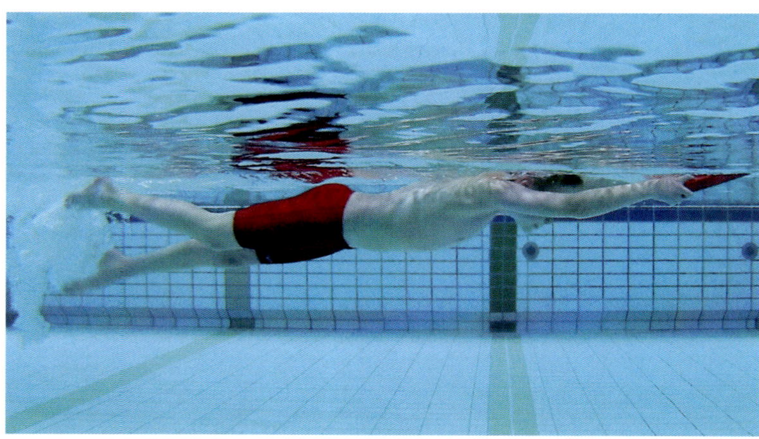

Abb. 12

Im Gegensatz zum Beckenrand bekommen die Kinder im Wasser eine direkte Rückmeldung über den Erfolg oder Misserfolg ihres Beinschlages. Die Übung im Wasser ist der am Beckenrand sehr ähnlich, jedoch etwas komplexer.

- Gestreckte Arme und gerade Körperposition.
- Beinschlag aus der Hüfte, gestreckte Füße.
- Füße bleiben im Wasser, es schauen höchstens die Fußsohlen heraus.
- Einatmung nach vorn, Ausatmung ins Wasser (Abb. 12).

11 Wechselbeinschlag mit Pullbuoy

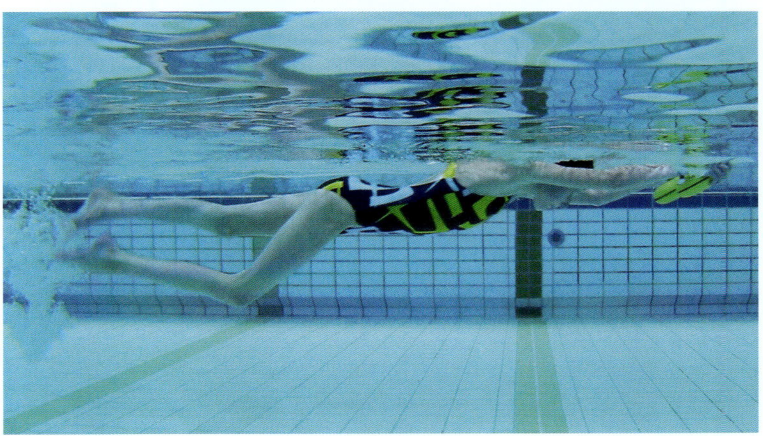

Abb. 13

Der Wechselbeinschlag lässt sich mit verschiedenen Hilfsmitteln durchführen. Im Gegensatz zum Brett (Seite 48), was sich vor allem für Einsteiger anbietet, erfordern andere Hilfsmittel wie z. B. der Pullbuoy mehr Körperspannung. Die Übungsanweisung bleibt jedoch trotz verminderter Auftriebshilfe die gleiche.

- Gestreckte Arme und gerade Körperposition.
- Beinschlag aus der Hüfte, gestreckte Füße.
- Füße bleiben im Wasser, es schauen höchstens die Fußsohlen heraus.
- Einatmung nach vorn, Ausatmung ins Wasser (Abb. 13).

Wechselbeinschlag in Streamline

12

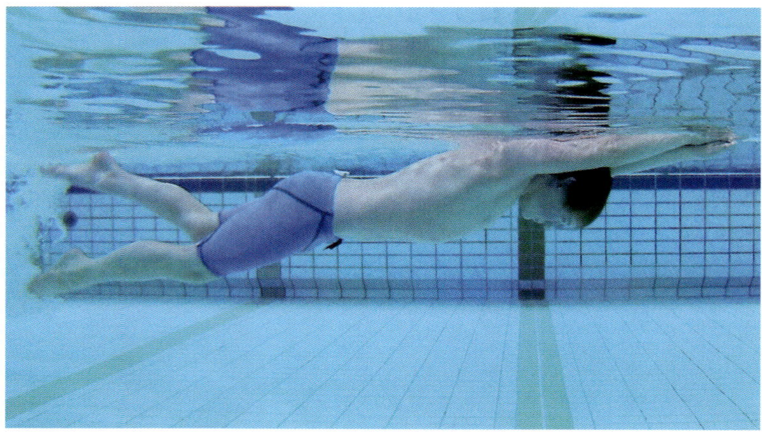

Abb. 14

Sobald der Beinschlag stabil funktioniert, können die Auftriebshilfen komplett vernachlässigt werden. Drei der vier genannten Punkte bleiben erhalten.

- Gestreckte Arme und gerade Körperposition.
- Beinschlag aus der Hüfte, gestreckte Füße.
- Füße bleiben im Wasser, es schauen höchstens die Fußsohlen heraus.

Lediglich die Atmung ist nun deutlich schwieriger. Daher wird empfohlen diese Übung zunächst in einem flachen Becken durchzuführen, so dass nach jedem Atemzug eine kurze Pause gemacht werden kann. Eine Erweiterung dieser Übung in Bezug auf die Atmung finden Sie auf Seite 57 (Six Kick Switch).

13 Brustarmzug stehend

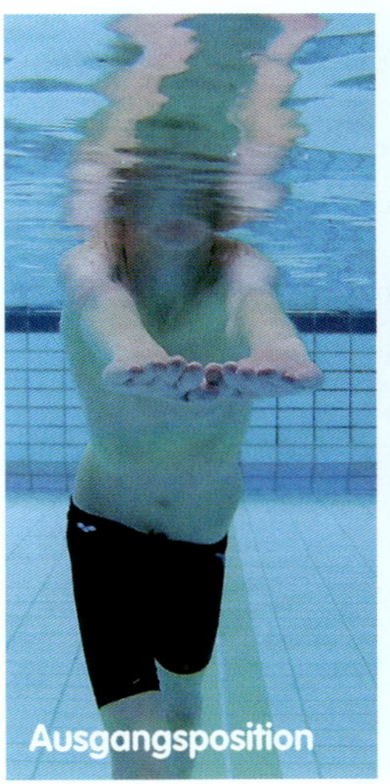

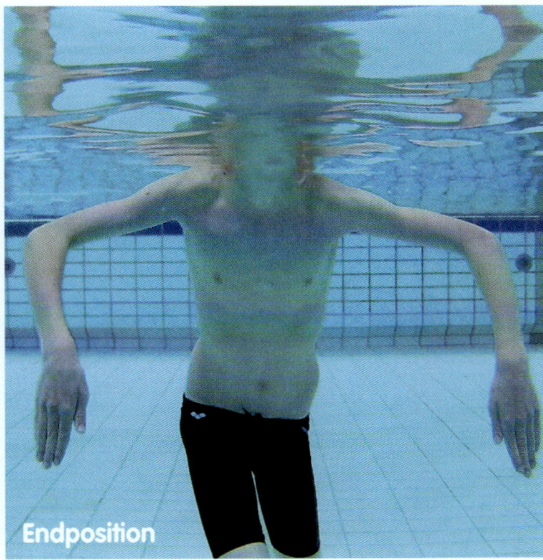

Abb. 15

Sobald der Wechselbeinschlag als einfachste und natürlichste Form der Fortbewegung innerhalb der vier Schwimmarten erlernt wurde, können die Arme integriert werden. Der Brustarmzug ist wenig komplex und bietet durch die Atmung nach vorne einen guten Lerneinstieg. Der Armzug lässt sich gut im Stehen üben.

- Schrittstellung mit dem Kopf über Wasser.
- Arme gestreckt nach vorne (Ausgangsposition, links).
- Hände öffnen und in die Endposition (Catch-Postion) führen, Ellbogen parallel zur Wasserlinie (Endposition, rechts).
- Hände vor der Brust zusammenführen und wieder in die Ausgangsposition bringen.

Brustarmzug im Gehen

14

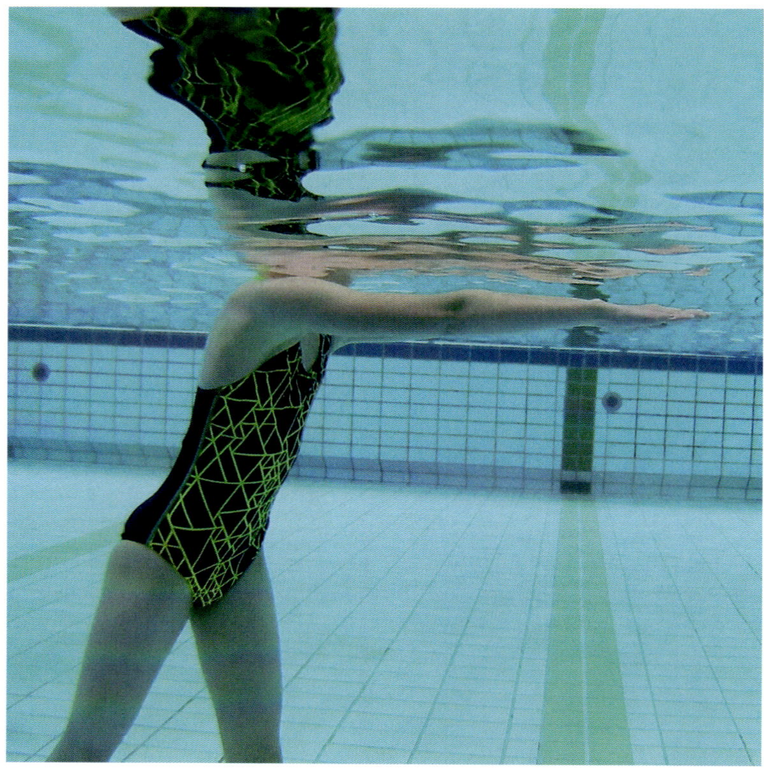

Abb. 16

Als Erweiterung zum stehenden Üben kann der Armzug nun in die gehende Bewegung integriert werden. Die Übungsabfolge ist wie auf Seite 51 beschrieben. Jedoch wird die Übung im Gehen durchgeführt. Es werden zwei Schritte auf einen Armzug durchgeführt.

- Wenn die Arme in die Catch-Position geführt werden, findet ein Schritt statt.
- Der zweite Schritt erfolgt, wenn die Arme aus der Catch-Position nach vorn geführt werden.

15 Vorübung Brustarmzug mit Wechselbeinschlag

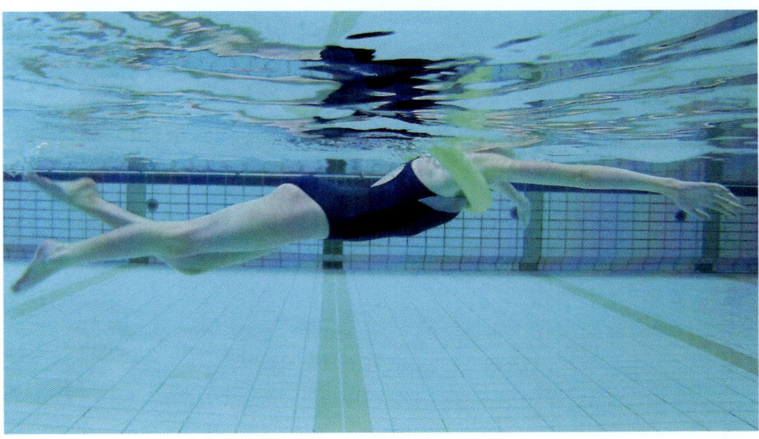

Abb. 17

Nun werden die Füße komplett vom Boden gelöst. Die Poolnoodle befindet sich in der Achselhöhle, um einen zu großen Brustarmzug von Beginn an zu unterbinden. Beide Beine führen einen ununterbrochenen Wechselbeinschlag durch. Die Armbewegung wird unterteilt in:

- Arme sind gestreckt mit den Händen vor dem Kopf zusammen, der Kopf liegt als Verlängerung der Wirbelsäule im Wasser.
- Arme werden mit den Handflächen nach außen geöffnet. Dabei hebt sich der Kopf zum Atmen aus dem Wasser (Abb. 17).
- Die Arme werden in die Catch-Position (bis zur Poolnoodle) gebracht. Der Kopf ist dann an der höchsten Stelle. Es wird eingeatmet.
- Die Arme werden vor der Poolnoodle zusammengeführt.
- Sobald sich die Fingerspitzen berühren, werden die Arme nach vorne gestreckt. Der Kopf wird dabei zwischen die Arme gelegt. Der Blick ist nach unten gerichtet.

Zielübung Brustarmzug mit Wechselbeinschlag

16

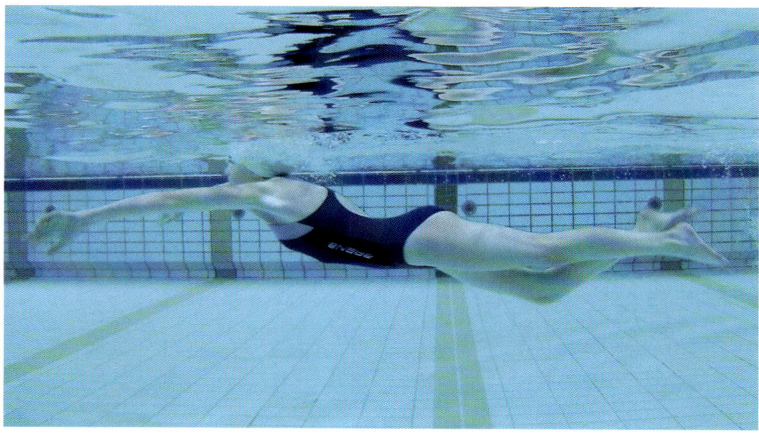

Abb. 18

Die Zielübung ist genau wie die Vorübung auf Seite 53 nur ohne Poolnoodle durchzuführen. Demzufolge ist auch die Abfolge der Teilschritte sehr ähnlich.

- Arme sind gestreckt mit den Händen vor dem Kopf zusammen, der Kopf liegt als Verlängerung der Wirbelsäule im Wasser.
- Arme werden mit den Handflächen nach außen geöffnet. Dabei hebt sich der Kopf zum Atmen aus dem Wasser (Abb. 18).
- Die Arme werden in die Catch Position (Ellbogen parallel zur Schulter) gebracht. Der Kopf ist dann an der höchsten Stelle. Es wird eingeatmet.
- Die Arme werden vor der Brust zusammengeführt.
- Sobald sich die Fingerspitzen berühren, werden die Arme nach vorne gestreckt. Der Kopf wird dabei zwischen die Arme gelegt. Der Blick ist nach unten gerichtet.

5.2 Übungen zu den Wechselzugschwimmarten

Seite	Übungen		Hilfsmittel
56	17	Wechselbeinschlag in Seitlage	
57	18	Wechselbeinschlag Six Kick Switch	
58	19	Wechselbeinschlag senkrecht	
59	20	Rückenarmzug Doppelte Rückholphase	
60	21	Rückenarmzug Eintauchen auf 11 und 1 Uhr	
61	22	Rückenarmzug einarmig	
62	23	Rückenarmzug Ellbogenvorhalte	
63	24	Rückenschwimmen Partnerübung	
64	25	Rückenarmzug Apfel pflücken	
65	26	Rückenarmzug Schulterrotation	
66	27	Kraulatmung Brust Arme, Kraul Beine	
67	28	Kraulatmung Ausatmung ins Wasser	
68	29	Kraulatmung Abklatschen	
69	30	Kraulatmung Partner anschauen	
70	31	Kraulatmung Wasserballkraul	Poolnoodle
71	32	Kraularmzug Reißverschluß	
72	33	Kraularmzug Shark Fin	
73	34	Kraularmzug Achsel-Kopf-Tippen	
74	35	Kraularmzug Wasser schaufeln	
75	36	Kraularmzug Daumen abspreizen	
76	37	Kraularmzug Eintauchen auf 11 und 1 Uhr	

Wechselbeinschlag in Seitlage

17

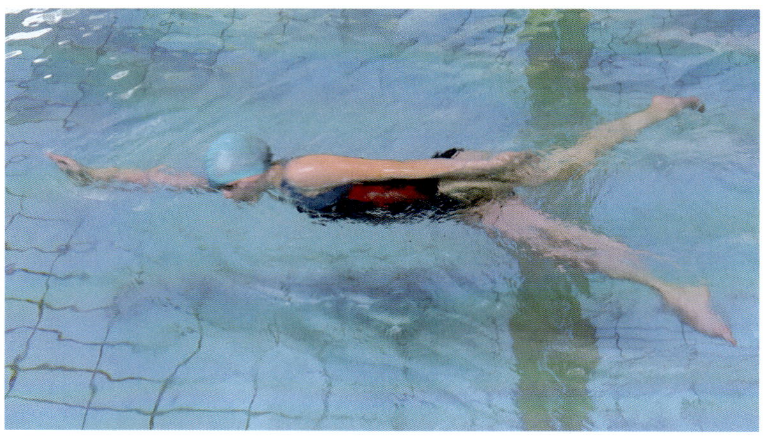

Abb. 19

- Der Körper befindet sich Seitlage.
- Arm unter Wasser lang nach vorne gestreckt, Arm über Wasser liegt an der Körperseite (Superman).
- Beinschlag mit verschiedener Amplitudengröße von kleinen Beinschlägen bis hin zu großen (Abb. 19).
- Zum Atmen den Kopf drehen, so dass das Gesicht aus dem Wasser kommt (Blick zur Decke).

18 Wechselbeinschlag Six Kick Switch

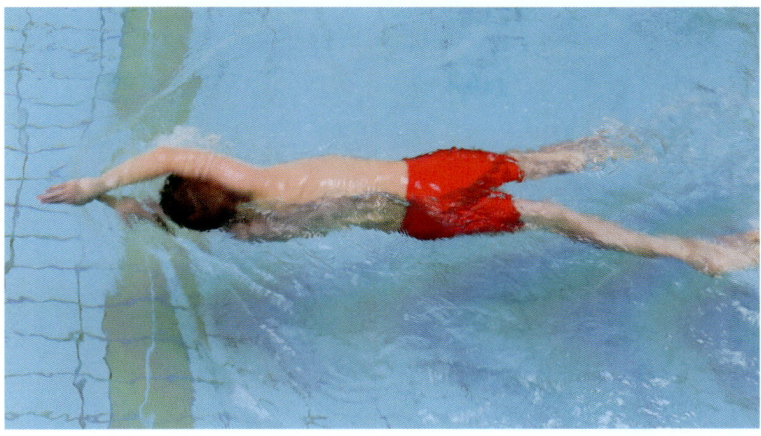

Abb. 20

Erweiterung der Übung von Seite 56

- Wechselbeinschlag in der Streamline-Position.

- Nach jeweils sechs Beinschlägen wird die Körperlage gewechselt.
  - Sechs Beinschläge in Bauchlage
  - Sechs Beinschläge auf der linken Seite (Abb. 20)
  - Sechs Beinschläge in Rückenlage
  - Sechs Beinschläge auf der rechten Seite
  - Sechs Beinschläge in Bauchlage usw.

- Die Einatmung erfolgt ausschließlich in Rückenlage, die Ausatmung kann jederzeit in den anderen drei Lagen geschehen.

Wechselbeinschlag senkrecht

19

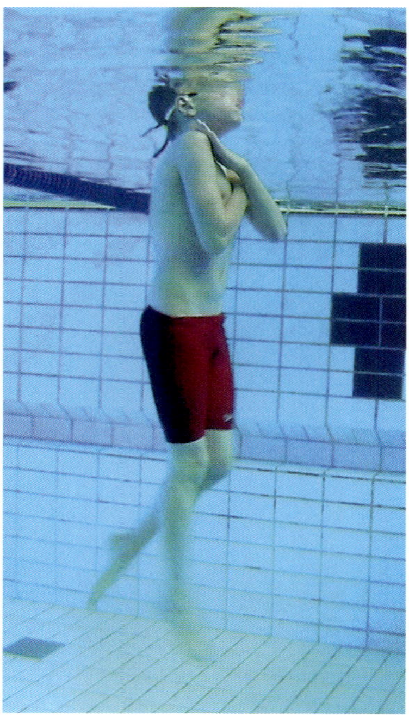

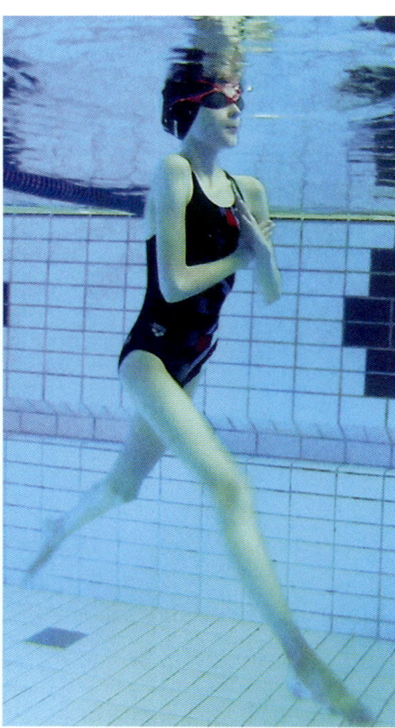

Abb. 21

- Senkrechte Position im Wasser.
- Arme vor der Brust verschränkt.
- Wechselbeinschlag in verschiedenen Amplitudengrößen.
  - Kleine Amplitude mit höherer Frequenz (links)
  - Große Amplitude mit niedriger Frequenz (rechts)

Die Übung eignet sich auch zur Selbstkontrolle sowie als Partnerübung mit Beobachtungsaufgabe.

20 Rückenarmzug Doppelte Rückholphase

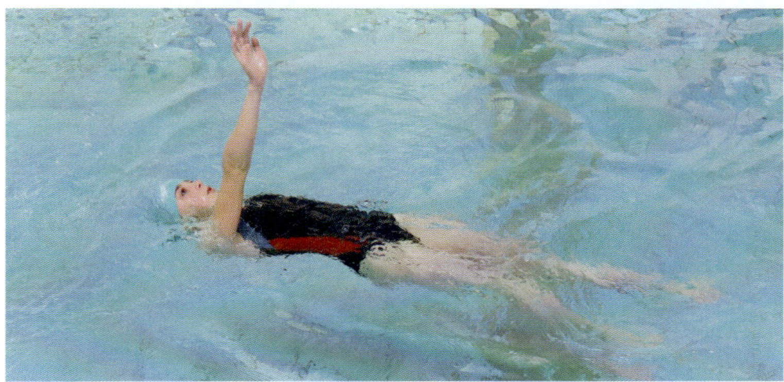

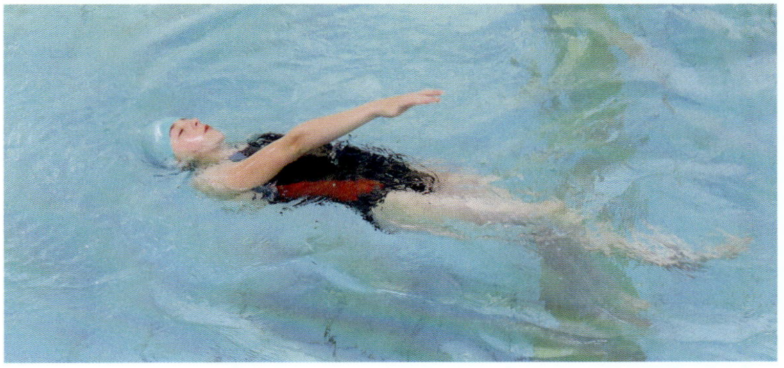

Abb. 22

Die doppelte Rückholphase beim Rückenschwimmen ist eine Technikübung. Dabei soll unter anderem das Strecken des Überwasserarmes geschult werden.

- Rückenschwimmen in der Gleitbootlage.
- Der Arm, der sich in der Rückholphase über Wasser befindet, wird bis zur Senkrechten geführt (links).
- Im Anschluss wird der Arm zurück an die Hüfte gebracht (rechts).
- Von dort aus wird die gesamte Rückholphase bis zum Eintauchen des kleinen Fingers über der Schulter durchgeführt.
- Während der zweiten Rückholphase bleibt der entgegengesetzte Arm neben der Hüfte liegen.

Rückenarmzug Eintauchen auf 11 und 1 Uhr

21

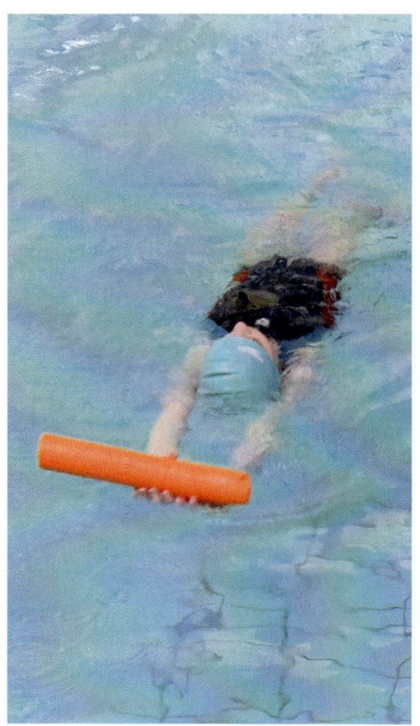

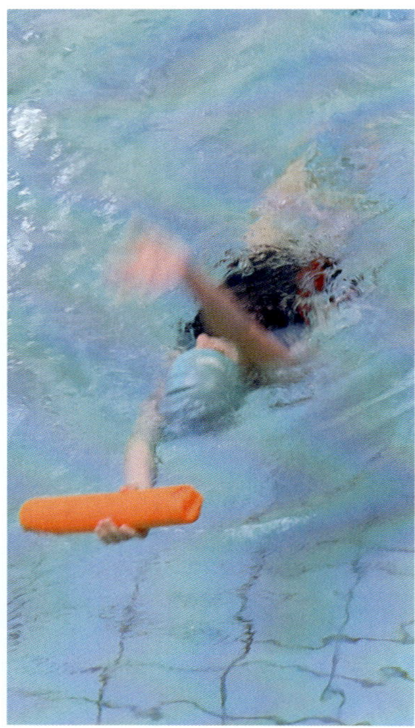

Abb. 23

Das Eintauchen der Hand in Verlängerung der Schulter ist häufig ein Problem. Viele Kinder tauchen zu weit außen oder hinter dem Kopf ein. Mit einem Hilfsmittel (hier Poolnoodle) lässt sich das gut korrigieren.

- Beide Hände halten zunächst an der Poolnoodle fest. Der Vortrieb entsteht durch einen Wechselbeinschlag in Rückenlage (Abb. 23 links).

- Nun wird abwechselnd einarmig der Rückenarmzug durchgeführt und an die markierte Stelle an der Poolnoodle gegriffen (Abb. 23 rechts).

- Sobald beide Hände die Poolnoodle greifen, erfolgt der Rückenarmzug mit dem anderen Arm.

22 Rückenarmzug einarmig

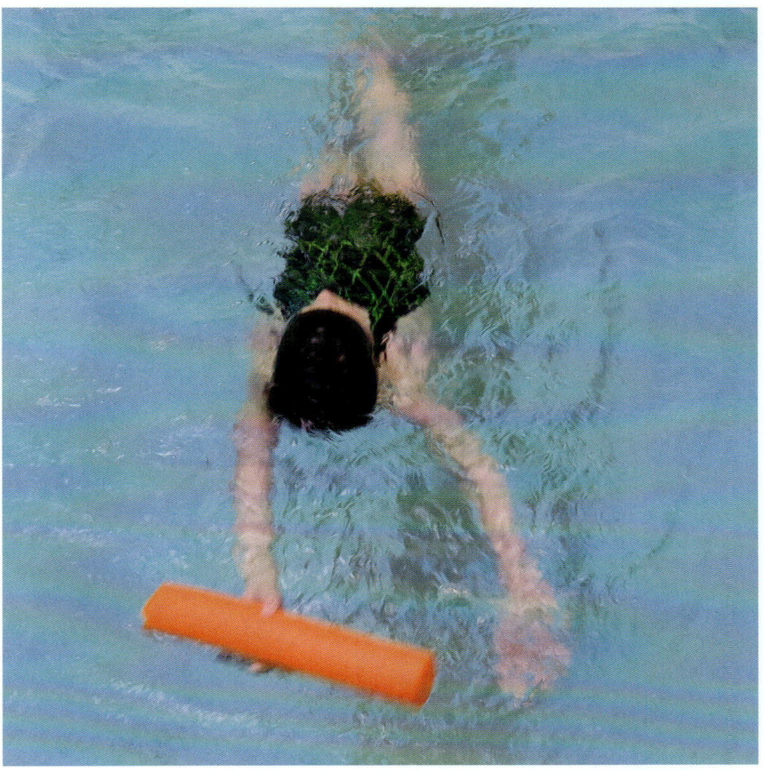

Abb. 24

- Die Poolnoodle wird mit einer Hand festgehalten, so dass das andere Ende auf Höhe der gegenüberliegenden Schulter ist.
- Nun wird nur auf einer Seite (hier die rechte Seite) der Rückarmzug dauerhaft durchgeführt.
- Die Poolnoodle dient dazu, dass der (hier rechte) Arm nicht zu weit in die Mitte zieht.

Rückenarmzug Ellbogenvorhalte

23

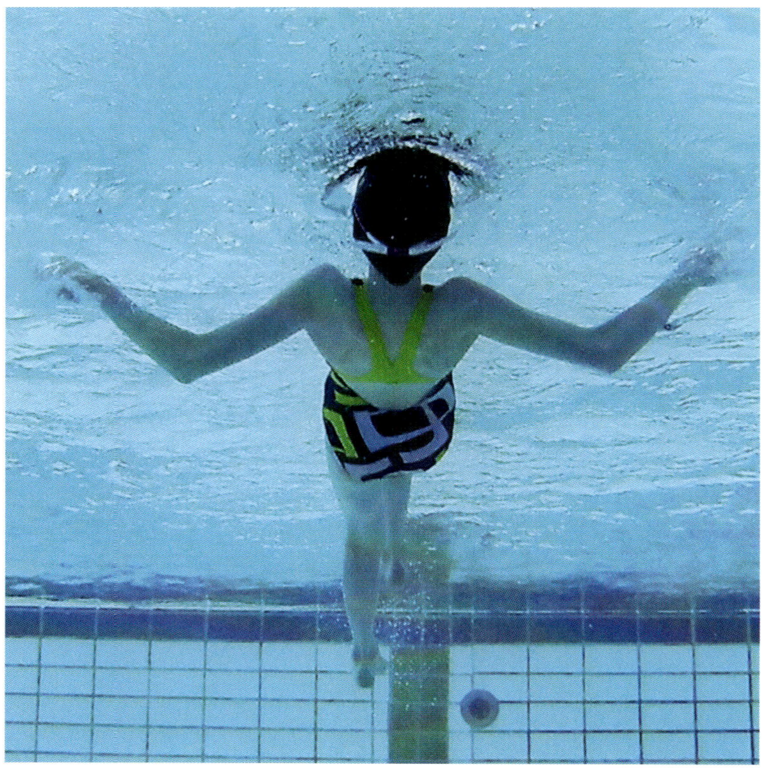

Abb. 25

- Die Ellbogenvorhalteposition oder auch Catch-Position ist die entscheidende Armstellung im Schwimmen.
- Es ermöglicht ein „Abdrücken" am Wasser und so einen maximalen Vortrieb.
- Beim Rückenschwimmen lässt sich diese Position am besten beim Gleichzugschwimmen einnehmen (Abb. 25).

24 Rückenschwimmen Partnerübung

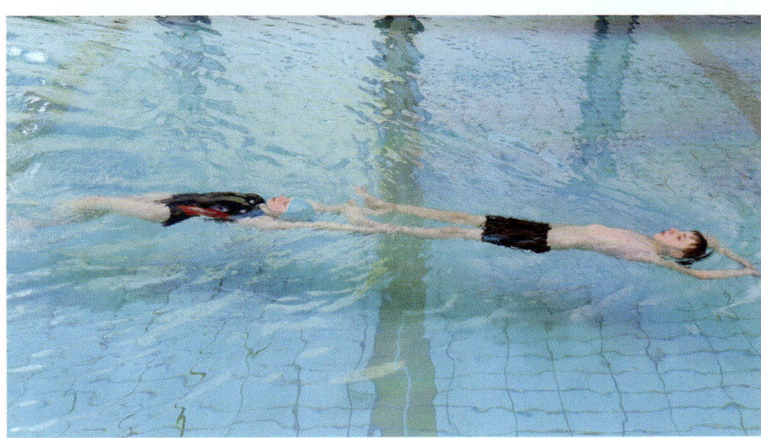

Abb. 26

Als Koordinationsübung eignen sich im Rückenschwimmen vor allem Partnerübungen.

- Ein Partner liegt in der Streamline Position auf dem Rücken (hier die rechte Person).

- Die zweite Person hält sich mit gestreckten Armen an den Unterschenkeln des Voranschwimmenden fest und führt einen Wechselbeinschlag durch.

Die Übung bietet zudem mehrere Variationen mit erhöhter Schwierigkeit.

- Die Füße des vorderen Partners stehen auf dem Kopf des hinteren Partners. Der hintere Partner schwimmt mit Armen und Beinen.

- Die vordere Person unterstützt, indem diese den Armzug durchführt.

Rückenarmzug Apfel pflücken

25

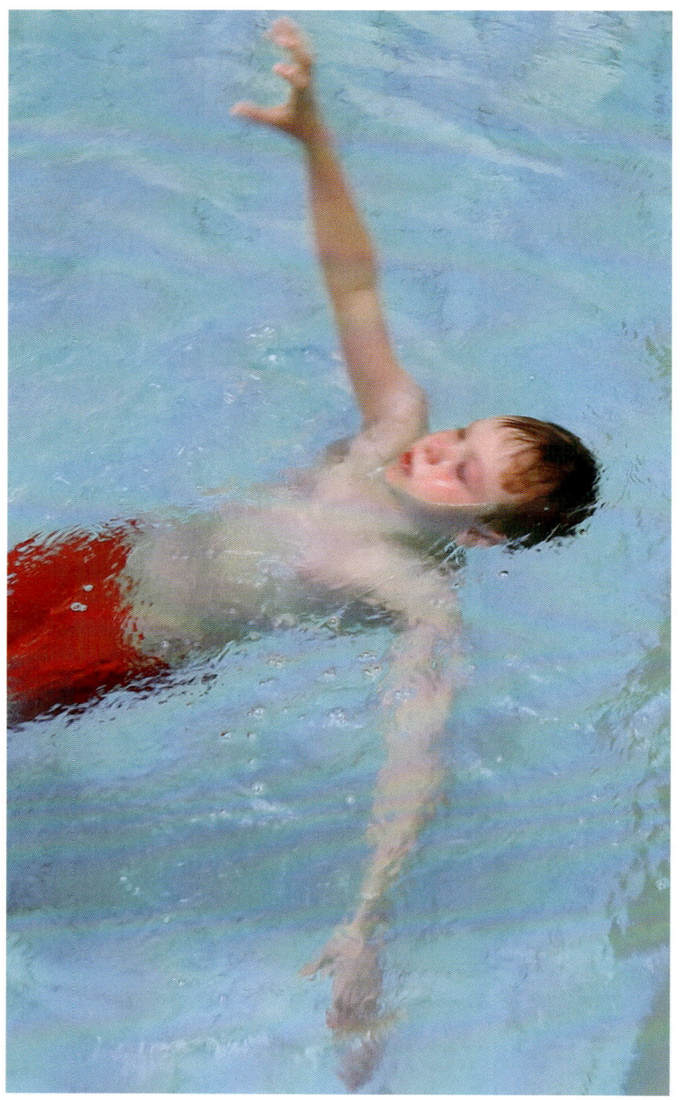

Abb. 27

- Beim Rückenarmzug wird der Arm in der gestreckten Position (Abb. 27) einmal in Richtung Hallendecke geschoben.
- Der andere Arm befindet sich durch die 180° Phasenverschiebung unter Wasser.

26 Rückenarmzug Schulterrotation

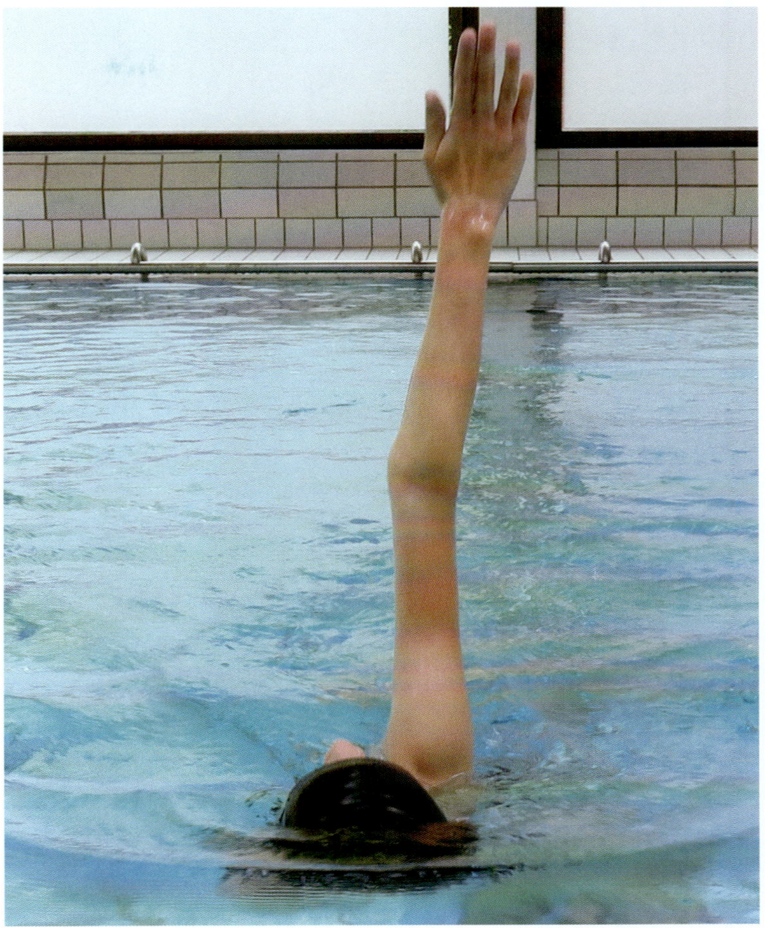

Abb. 28

- Sobald der Arm zur Rückholphase aus dem Wasser gehoben wird, wird zusätzlich die Schulter aus dem Wasser gedreht (hier auf der rechten Seite).
- Das ermöglicht, dass die Rückholphase näher an der Körperlängsachse verlaufen kann.
- Der andere Arm kann unter Wasser ebenfalls nach der Körperlängsachse geführt werden.
- Das ermöglicht ein Minimum an seitlichen Bewegungen.

Kraulatmung Brust Arme, Kraul Beine

27

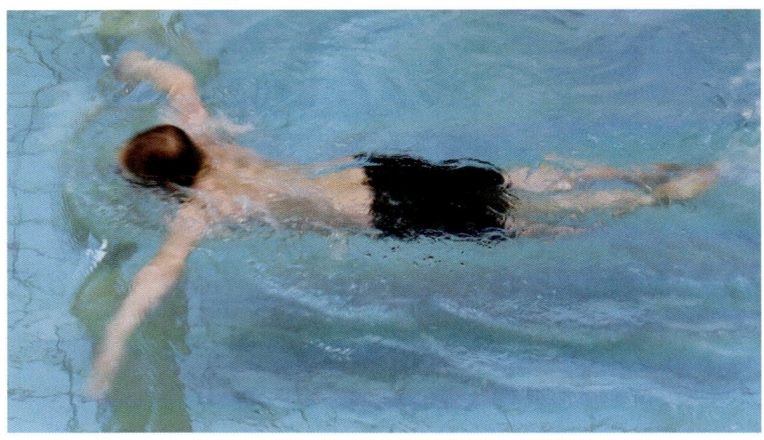

Abb. 29

Neben dem leichten Erlernen in der Erstschwimmart, eignet sich die Kombinationsübung aus Brustarmzug und Kraulbeinschlag auch für einen dauerhaften Wechselbeinschlag im Kraulschwimmen. Dieser setzt beispielsweise bei der Atmung häufig kurzfristig aus.

- Rhythmus und Geschwindigkeit durch den Wechselbeinschlag aufnehmen. Am besten in der Streamline Position starten.

- Nun bei jeweils sechs Beinschlägen einen Brustarmzug inkl. Atmung durchführen.

- Besonders wichtig dabei ist der kontinuierliche Wechselbeinschlag.

28 Kraulatmung Ausatmung ins Wasser

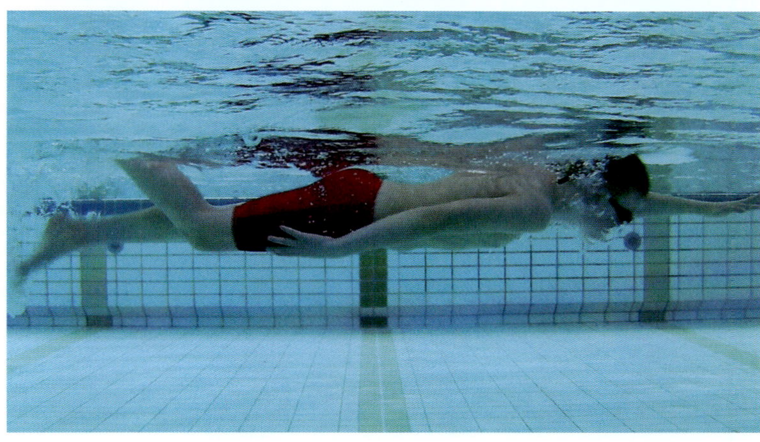

Abb. 30

Beim Kraulschwimmen ist es wichtig, dass unter Wasser ausgeatmet wird. Während der Einatmung in der Rückholphase des Armes lässt sich eine zusätzliche Ausatmung nicht realisieren. Das Ausatmen ins Wasser lässt sich jedoch sehr einfach üben.

- Wechselbeinschlag in der Superman-Position (Abb. 30).
- Wenn der Kopf im Wasser ist, wird ausgeatmet (Abb. 30).
- Sobald wieder Luft benötigt wird, wird der Kopf zur Seite (in diesem Fall die rechte Seite) gedreht.

Kraulatmung Abklatschen

29

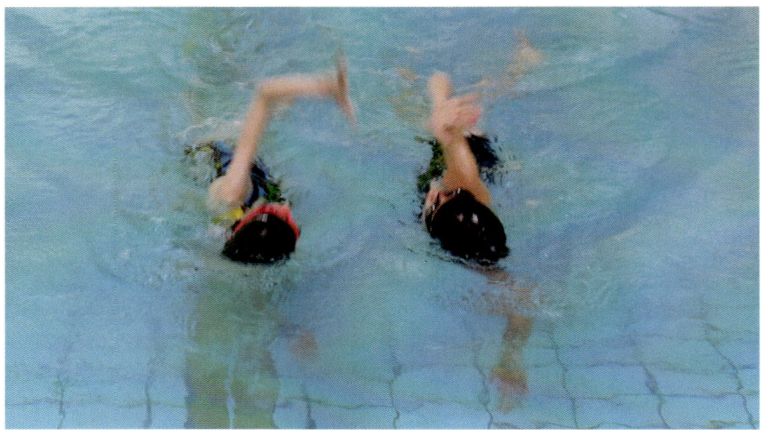

Abb. 31

Das Abklatschen ist eine beliebte Partnerübung. Dabei ist es wichtig, ähnlich große Paare zu bilden. Die beiden Partner klatschen bei jeder Armbewegung mit der dem Partner zugewandten Hand in die Hand des Partners. Dabei atmen beide Kinder ebenso zueinander.

30 Kraulatmung Partner anschauen

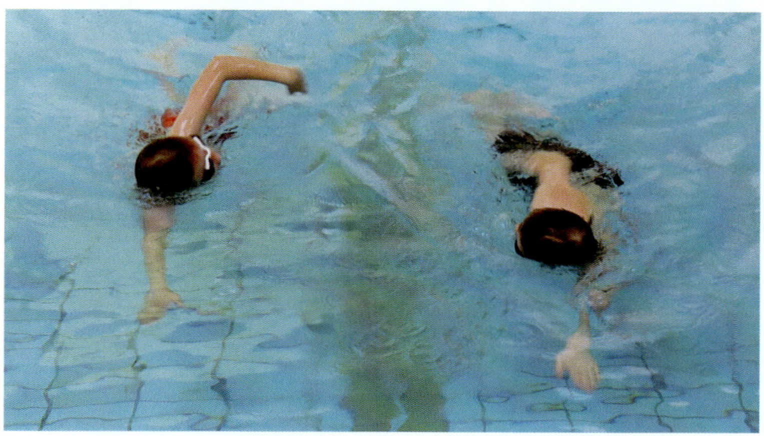

Abb. 32

Alternativ zu Abklatschen können sich die Kinder auch anschauen. Dies schult vor allem die flache Atmung, bei der der Kopf nur minimal zur Seite gedreht wird.

- Größere Entfernung zueinander.
- Rhythmus des Partners aufnehmen.
- Kopf zur Seite drehen und gegenseitig anschauen.

Kraulatmung Wasserballkraul

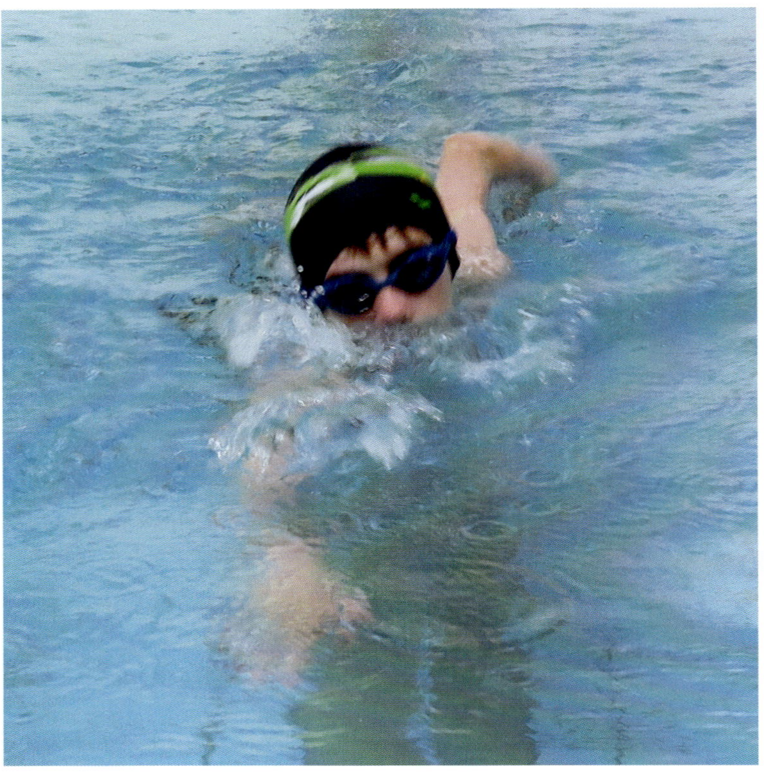

Abb. 33

- Kopf schaut in Schwimmrichtung.
- Eintauchen der Hand vor der Schulter wird beobachtet (Korrektur für Kinder, die z. B. vor dem Kopf eintauchen).
- Erfordert einen starken Beinschlag.

32 Kraularmzug Reißverschluß

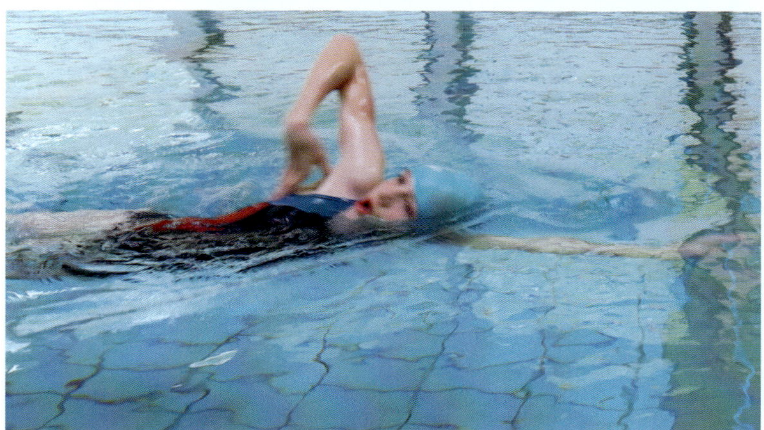

Abb. 34

Um den Arm in der Rückholphase nah am Körper entlang zu führen, bietet sich der Reißverschluß an. Diese Übung wird in der Gesamtkoordination (Arm- und Beinbewegung) durchgeführt.

- Beim Beginn der Rückholphase berührt der Daumen den Oberschenkel.
- Nun wird der Daumen bis in die Achselhöhle am Körper vorbeigezogen (Abb. 34).
- Der Armzug eng am Körper vorbei verläuft ähnlich wie ein Reißverschluss.

Kraularmzug Shark Fin

33

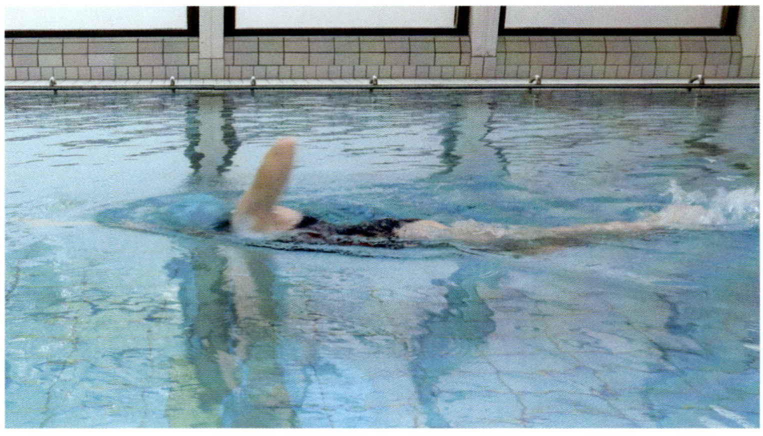

Abb. 35

Ähnlich wie beim Reißverschluss ist der hohe Ellbogen in der Rückholphase das Ziel bei der Shark-Fin-Übung. Jedoch wird hier kein kompletter Armzug durchgeführt, sondern die Übung lediglich auf einer Seite durchgeführt.

- Seitlage mit Wechselbeinschlag in der Supermanposition.
- Fingerspitzen werden an der Körperseite vom Oberschenkel bis in die Achselhöhle entlanggeführt (ähnlich wie beim Reißverschluß).
- Aus der Achselhöhle wird die Hand jedoch nun in die Ausgangsposition am Oberschenkel zurückgeführt.
- Die Atmung ist entweder in der Ausgangsposition möglich oder während sich die Hand vom Oberschenkel in die Achselhöhle bewegt.
- Um die Übung zu erleichtern, können Flossen genutzt werden.

34 Kraularmzug Achsel-Kopf-Tippen

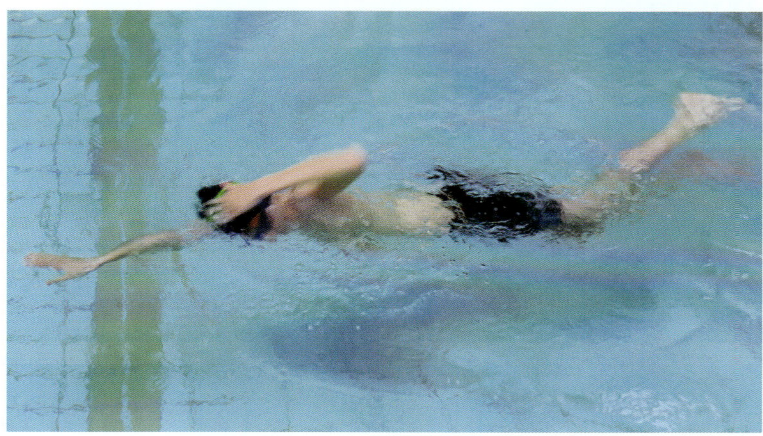

Abb. 36

Eine weitere Übung, die in der Rückholphase einen hohen Ellbogen üben soll, ist das Antippen der Achselhöhle und des Kopfes während der Rückholphase. Dabei ist es vor allem wichtig, dass nach dem Tippen in die Achsel der Ellbogen weiterhin der höchste Punkt bleibt, um die Hand sauber ins Wasser einzutauchen.

- Hand verlässt neben dem Oberschenkel das Wasser und leitet die Rückholphase ein.
- Während der Rückholphase wird mit dem Daumen einmal die Achselhöhle berührt.
- Im weiteren Verlauf der Rückholphase berührt der Daumen auch den Kopf und taucht dann vor der Schulter ein.

Kraularmzug Wasser schaufeln

35

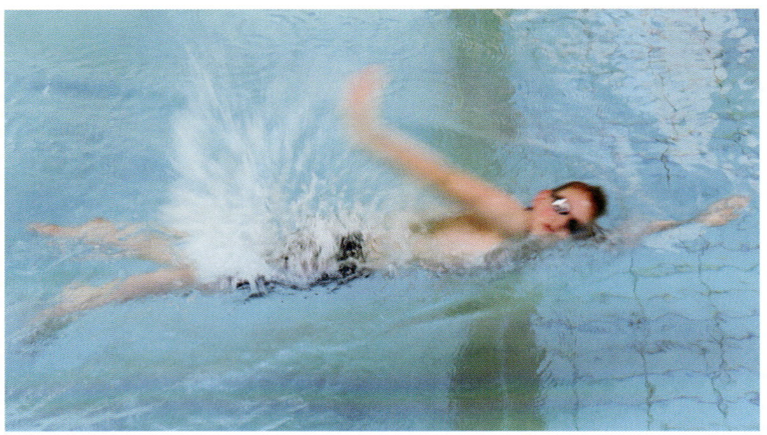

Abb. 37

Das Rausschaufeln des Wassers am Ende der Druckphase ist vor allem dann wichtig, wenn der Unterwasserarmzug nicht voll ausgenutzt wird.

- Druckphase unter Wasser betonen.
- Hand verlässt das Wasser neben dem Oberschenkel.
- Dabei wird das Wasser herausgeschaufelt.

36 Kraularmzug Daumen abspreizen

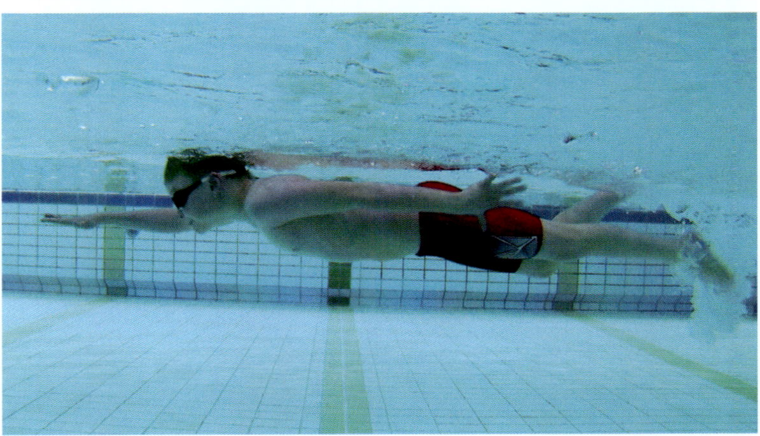

Abb. 38

Um den Kindern eine taktile Hilfe zu geben, wo ihre Hand nach dem Ende der Druckphase das Wasser verlässt, kann es helfen, den Daumen abzuspreizen (Abb. 38).

- Unterwasserarmzug wird wie gewohnt kontrolliert durchgeführt.
- Kurz bevor die Hand das Wasser verlässt, wird der Daumen abgespreizt.
- Beim Verlassen des Wassers berührt der Daumen die Körperseite und kann so die Stelle am Körper markieren.
- Zum Vergleich kann stehend am Beckenrand getestet werden, an welcher Stelle bei gestreckten Armen der Daumen den Oberschenkel berührt.

Kraularmzug Eintauchen auf 11 und 1 Uhr

37

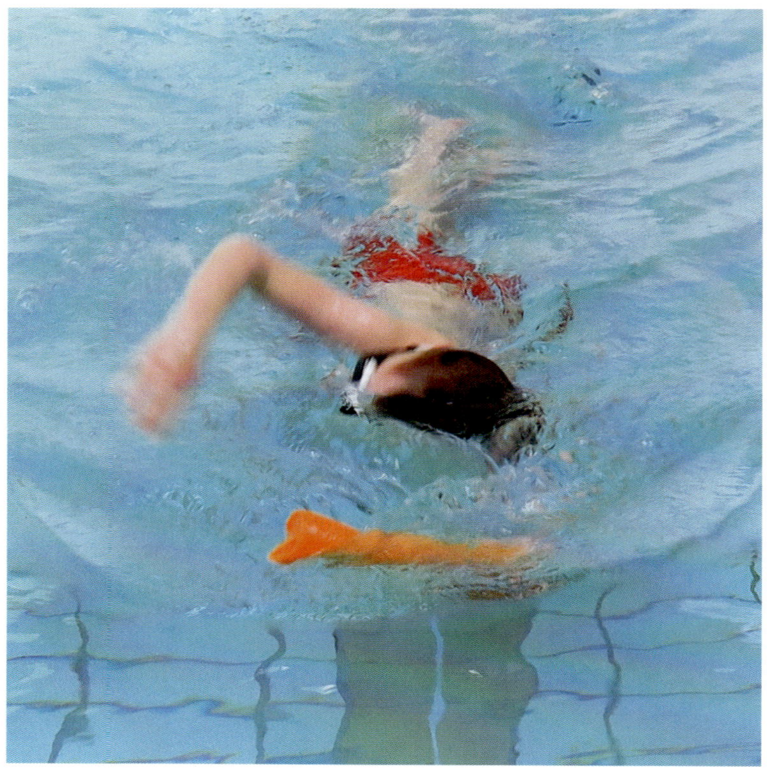

Abb. 39

Eine weitere taktile Hilfe beim Kraulschwimmen kann eine Poolnoodle sein.

- Eine Hand hält die Poolnoodle mit gestrecktem Arm fest.
- Die andere Hand macht einen Armzug und übernimmt die Poolnoodle.

5.3 Übungen zu den Gleichzugschwimmarten

Seite	Übungen		Hilfsmittel
78	38	Brustbeinschlag mit Pinguinarmen	
79	39	Brustbeinschlag an Land	
80	40	Brustbeinschlag Zehen an die Wand	
81	41	Brustbeinschlag Anfersen	
82	42	Brustbeinschlag in Rückenlage	Schwimmbrett
83	43	Brustbeinschlag in Bauchlage	Pullbuoy, Schwimmbrett
84	44	Brustarmzug Poolnoodle in die Achsel	
85	45	Brustarmzug Gleiten	
86	46	Brustarmzug Koordination	
87	47	Brustarmzug Diagonal	
88	48	Brustarmzug Ellbogen zusammen	
89	49	Brustarmzug Rhythmus	
90	50	Schmetterlingbeine Bauchlage unter Wasser	
91	51	Schmetterlingbeine Seitlage unter Wasser	
92	52	Schmetterlingbeine Rückenlage unter Wasser	
93	53	Schmetterling Gesamtkoordination Schlange	
94	54	Schmetterling Gesamtkoordination Sprünge	
95	55	Schmetterling Gesamtkoordination Kick in, Kick out	
96	56	Schmetterling Gesamtkoordination Einarmig seitliche Atmung	
97	57	Schmetterling Gesamtkoordination Einarmig Atmung nach vorne	
98	58	Schmetterling Gesamtkoordination Wechselzug	
99	59	Schmetterling Gesamtkoordination Rechts-Links-Gesamt	

Brustbeinschlag mit Pinguinarmen

38

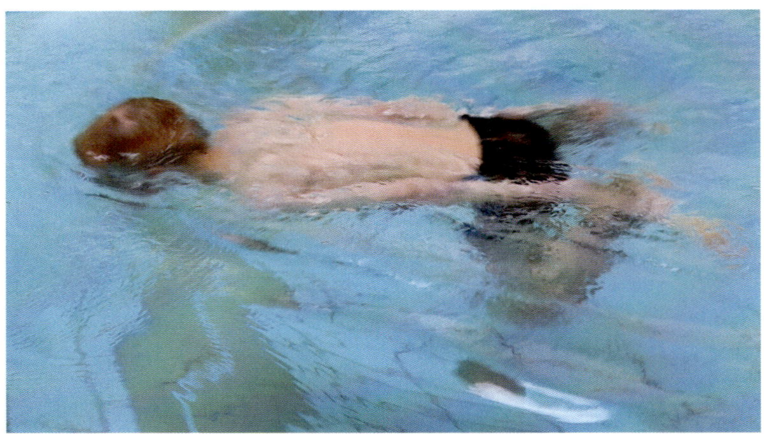

Abb. 40

Beim Brustschwimmen ist ein nicht synchron ausgeführter Beinschlag eines der häufigsten Fehlerbilder. Die ersten Übungen widmen sich diesem Fehler. Diese Übung hilft vor allem die Füße nach außen zu drehen. Das macht häufig schon einen großen Anteil dieses Fehlers aus.

- Brustbeinschlag schwimmen mit den Armen an der Körperseite.
- Handflächen sind nach außen gestellt.
- Beim Brustbeinschlag muss nun der Außenrist des Fußes bei jedem Beinschlag die Handfläche berühren.

39 Brustbeinschlag an Land

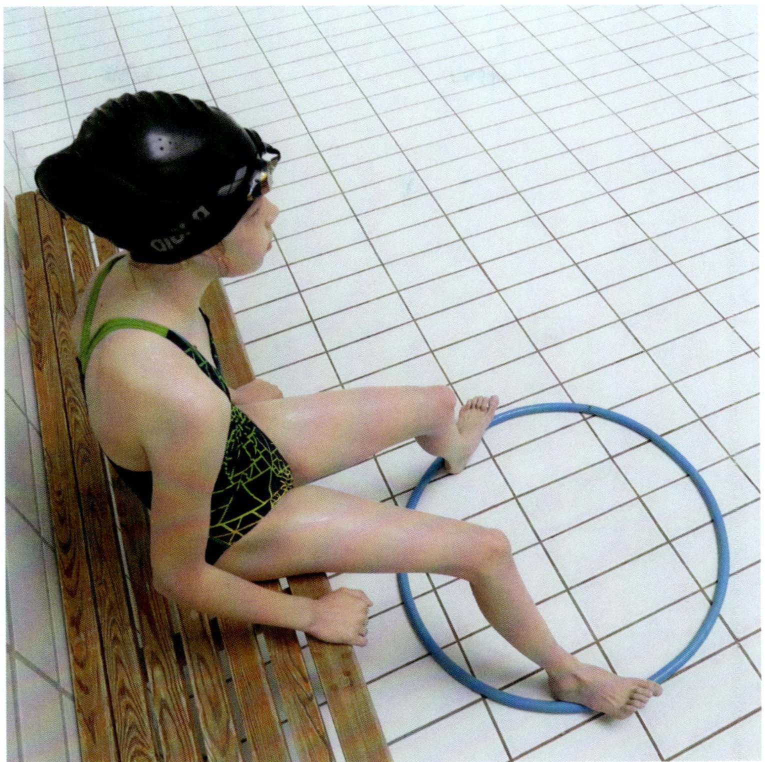

Abb. 41

An Land kann der synchrone Beinschlag ebenfalls geübt werden.

- Füße parallel in die Mitte des Ringes stellen.
- Fersen an das nächstgelegene Ende des Ringes führen.
- Kreisbahn mit der Ferse abfahren (Abb. 41).
- Füße in der Mitte des Ringes wieder zusammenführen.

Brustbeinschlag Zehen an die Wand

40

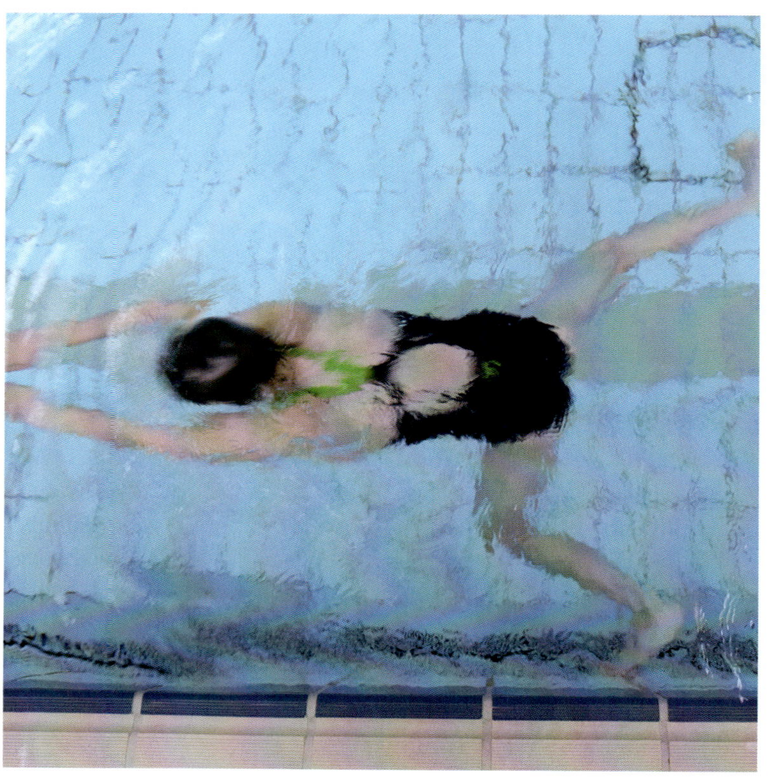

Abb. 42

Das nach außen Drehen der Füße kann auch an der Wand geübt werden. Dafür schwimmt das Kind eng an der Wand vorbei und berührt mit den Zehenspitzen die Wand (Abb. 42). Sobald ein anderes Körperteil als die Zehen die Wand berührt, ist das die Rückmeldung für eine Fehlstellung.

41 Brustbeinschlag Anfersen

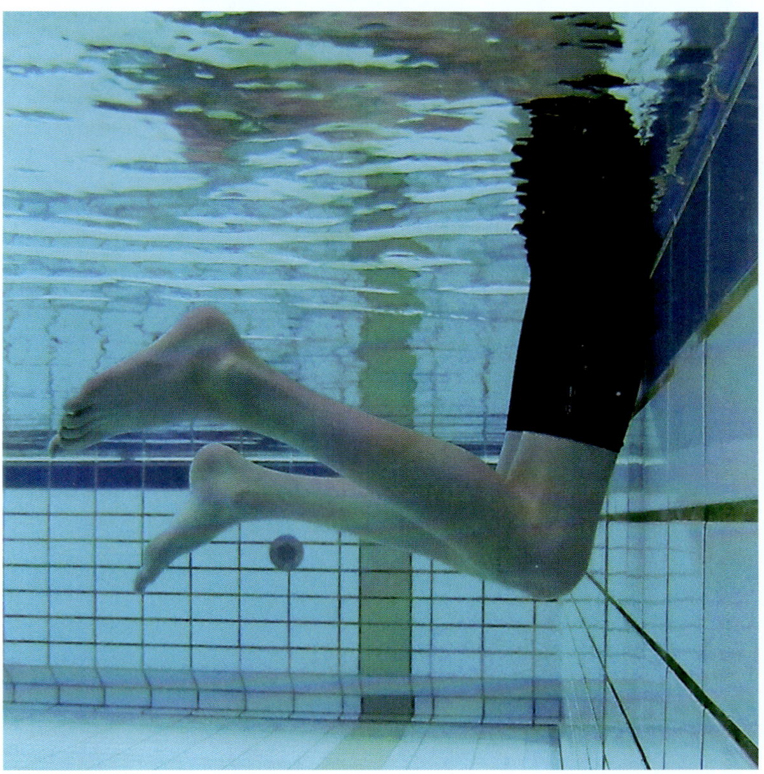

Abb. 43

Um ein Anhocken der Knie unter den Bauch zu verhindern, kann der Beckenrand genutzt werden.

- Oberkörper bis zur Hüfte auf den Beckenrand legen.
- Beine liegen zunächst gestreckt an der Wasseroberfläche.
- Brustbeinschlag durchführen.
- Der Beckenrand stoppt das Anziehen der Oberschenkel unter den Bauch.

Brustbeinschlag in Rückenlage

42

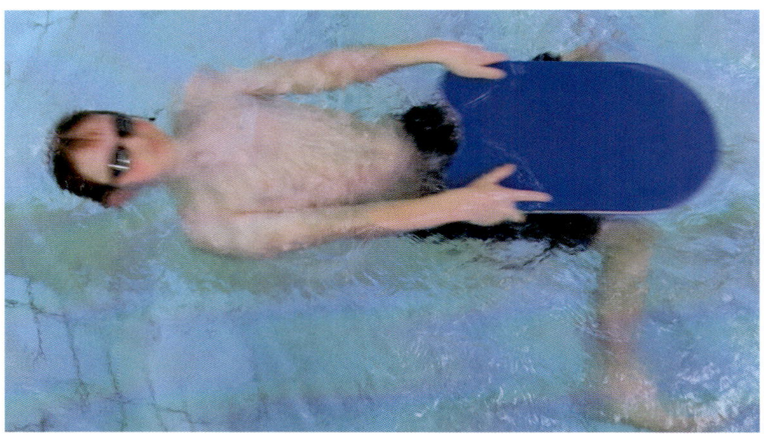

Abb. 44

Um das Anziehen der Beine unter den Körper zu verhindern, bietet sich der Brustbeinschlag auf dem Rücken an.

- Das Brett mit gestreckten Armen über die Oberschenkel halten.
- Beinschlag in Rücklage durchführen.
- Knie bleiben dabei unter dem Brett.
- Sobald das Brett durch die Knie hochgedrückt wird oder die Knie seitlich vom Brett die Wasseroberfläche durchbrechen, bekommt das Kind wieder eine direkte Rückmeldung.

43 Brustbeinschlag in Bauchlage

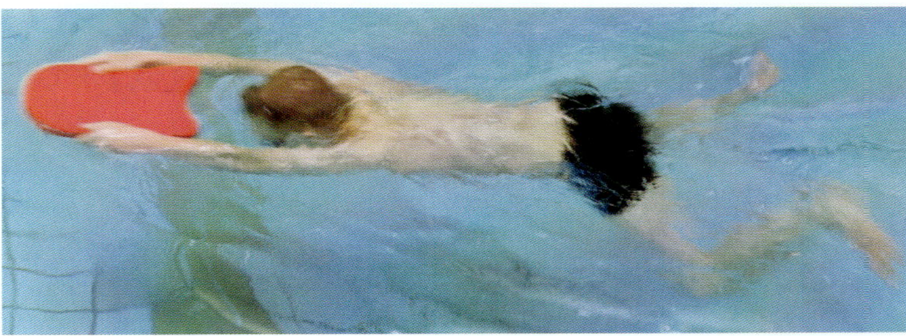

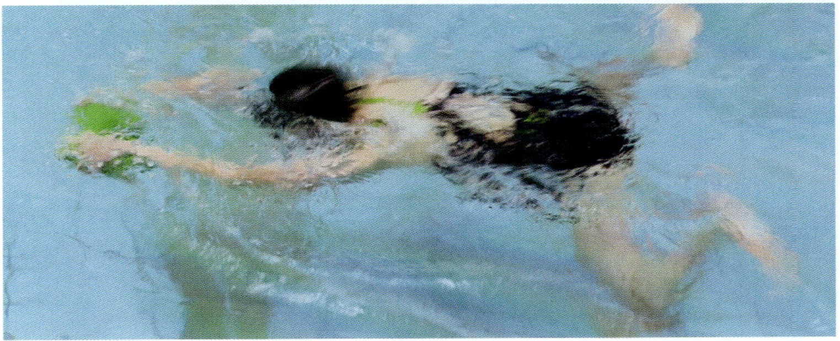

Abb. 45

Um den Beinschlag zu festigen, bietet sich das isolierte Üben des Beinschlages an.

- Im ersten Schritt kann der Beinschlag mit Brett geübt werden (Abb. 45 oben).
- In einem weiteren Schritt kann die Auftriebshilfe verringert werden und der Beinschlag mit einem Pullbuoy durchgeführt werden (Abb. 45 unten).
- Für Fortgeschrittene ist auch das Üben komplett ohne Auftriebshilfe mit gestreckten Armen möglich.

Brustarmzug Poolnoodle in die Achsel

44

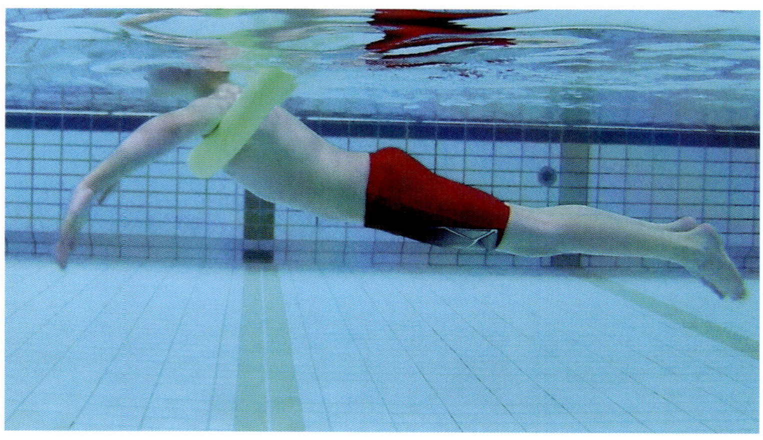

Abb. 46

Häufig wird der Armzug nicht nur vor dem Körper ausgeführt, sondern deutlich zu groß. Um das zu verhindern, bietet sich die Poolnoodle als Hilfsmittel an.

- Poolnoodle in die Achselhöhle legen.
- Brustschwimmen in der Gesamtkoordination ausführen.
- Sobald die Poolnoodle eingeklemmt wird oder die aus dem Wasser stehenden Enden der Poolnoodle nach hinten gedrückt werden, ist ein Fehler zu erkennen.

45 Brustarmzug Gleiten

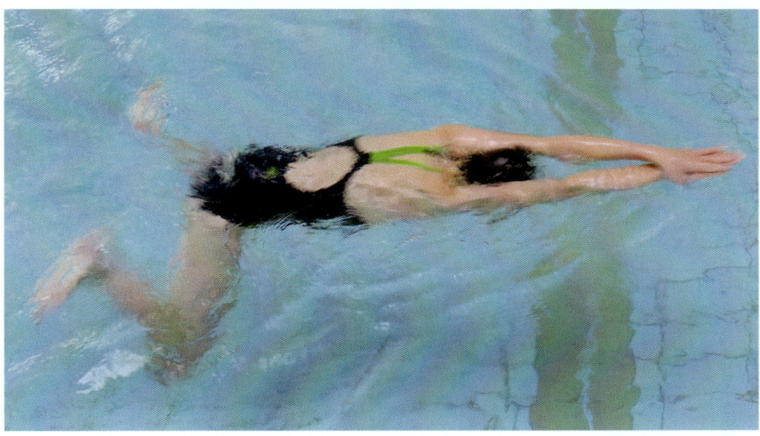

Abb. 47

Die Gleitphase des Brustschwimmens kann sehr gut trainiert werden, indem bei einem Armzug zwei Beinschläge ausgeführt werden.

- Ein Zyklus in der Gesamtkoordination im Brustschwimmen wie auf Seite 32 beschrieben.
- Nach Abschluss des Gesamtzyklus bleiben die Arme gestreckt übereinander liegen.
- In dieser Position wird ein zweiter Beinschlag ausgeführt.
- Es folgt eine weitere Gleitphase bevor ein weiterer Gesamtzyklus durchgeführt wird.

Brustarmzug Koordination

46

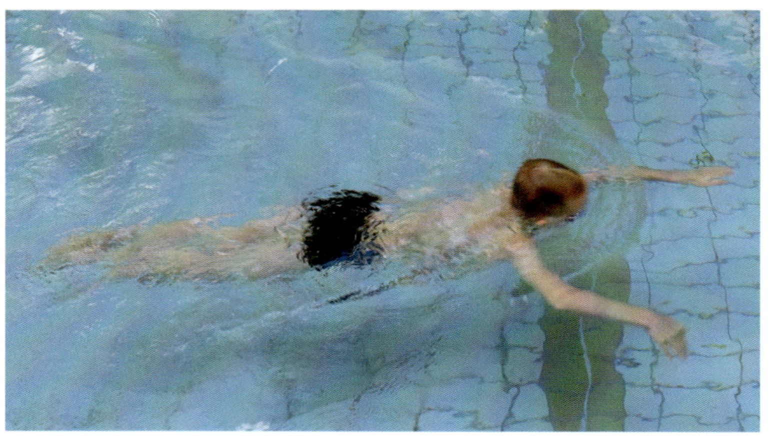

Abb. 48

Das koordinativ anspruchsvolle Brustschwimmen kann mit einer Koordinationsübung noch zusätzlich erschwert werden. Dabei wird immer mit nur einem Körperteil die Schwimmbewegung durchgeführt.

- Rechter Arm führt einen Armzug durch (Abb. 48).
- Rechtes Bein führt einen Beinschlag aus.
- Linkes Bein führt einen Beinschlag aus.
- Linker Arm führt einen Armzug aus.

Diese Übung ist auch genau andersherum möglich, so dass immer eine Extremität liegen bleibt, und die anderen drei Extremitäten führen dann die Schwimmbewegung aus.

47 Brustarmzug Diagonal

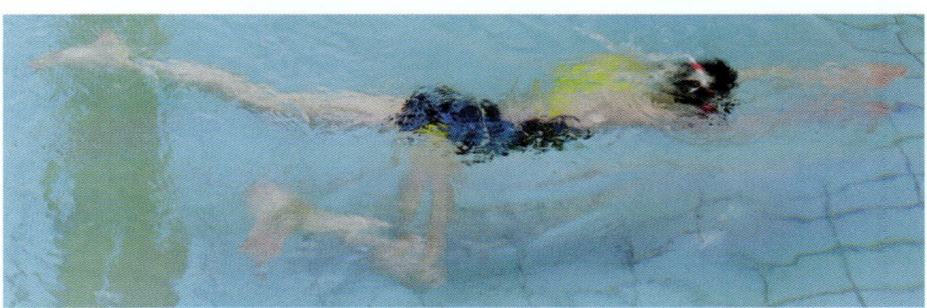

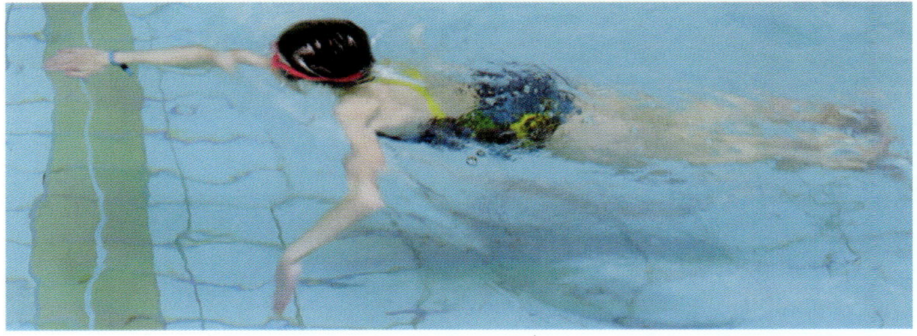

Abb. 49

Das diagonale Brustschwimmen ist ebenso eine Koordinationsübung. Hierbei wird immer abwechselnd ein Zyklus mit dem linken Arm und dem rechten Bein durchgeführt. Beim nächsten Zyklus dann der rechte Arm mit dem linken Bein.

Brustarmzug Ellbogen zusammen

48

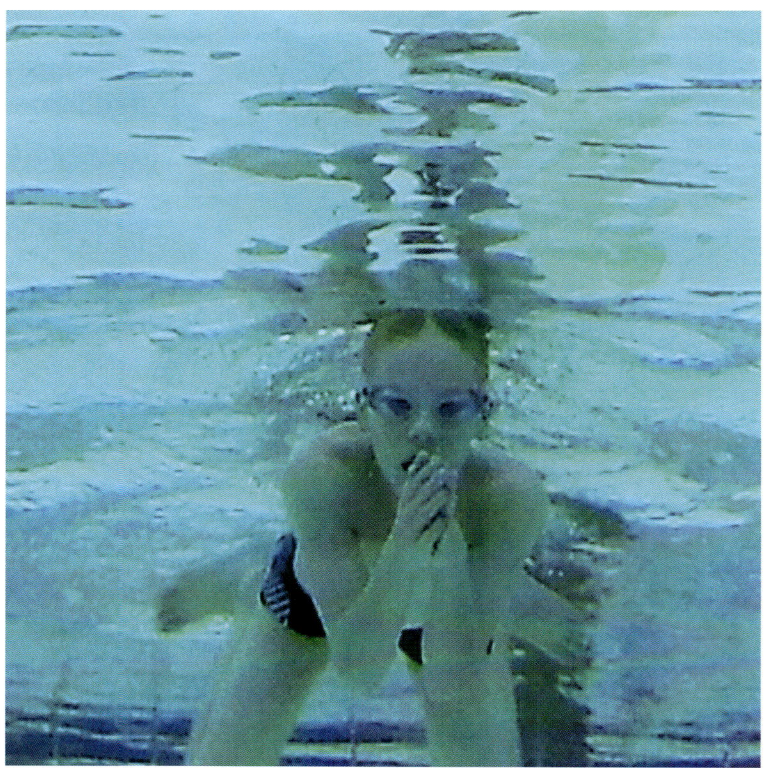

Abb. 50

Für eine optimale Gleitphase müssen die Arme zusammen nach vorne gestreckt werden.

- Arme aus der Ellbogenvorhalteposition vor dem Körper zusammenführen.
- Hände berühren sich vor der Brust.
- Zusammengeführte Hände werden nach vorne geschoben bis sich die Ellbogen fast berühren.
- Gleitphase mit enger Armführung nutzen.

49 Brustarmzug Rhythmus

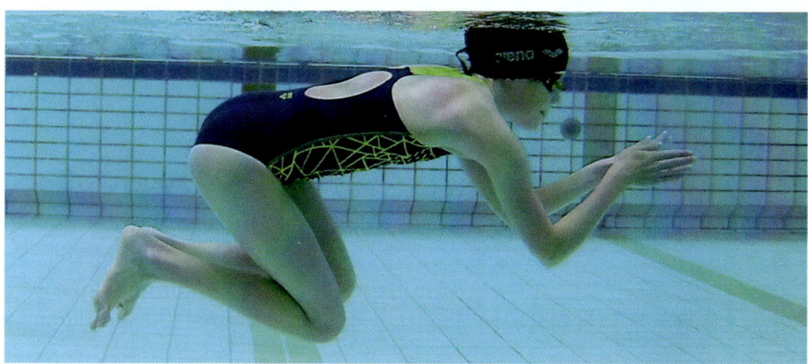

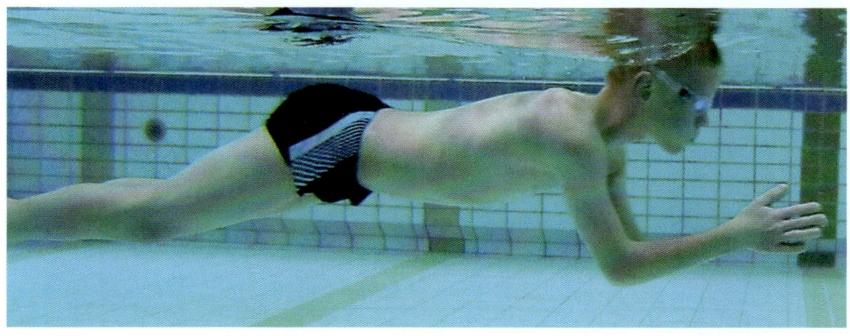

Abb. 51

Im Brustschwimmen ist der Rhythmus in der Gesamtkoordination sehr wichtig. Bei einer falschen Koordination wird, während die Arme zusammengeführt werden, auch der Beinschlag ausgeführt (Abb. 51).

Das untere Bild zeigt eine deutlich bessere und sinnhafte Gesamtkoordination. Die Beine sind geschlossen während die Arme eng zusammen nach vorne geschoben werden.

Schmetterlingbeine Bauchlage unter Wasser

50

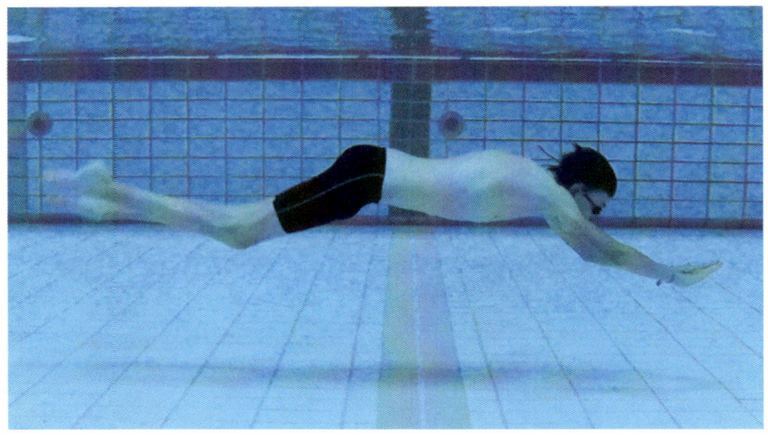

Abb. 52

Die Schmetterling-Beinbewegung ist nicht nur die schnellste Form, sich unter Wasser fortzubewegen, sondern auch ein wichtiger Indikator für den Erfolg des sehr rhythmusabhängigen Schmetterlingsschwimmens.

- In Bauchlage sind die Arme gestreckt (Streamline).
- Der Beinschlag beginnt im unteren Bauch bzw. der Hüfte.
- Auf- und Abwärtsbewegung der Beine aktiv betonen.
- Beinschlag unter Wasser durchführen.
- Füße strecken.

51 Schmetterlingbeine Seitlage unter Wasser

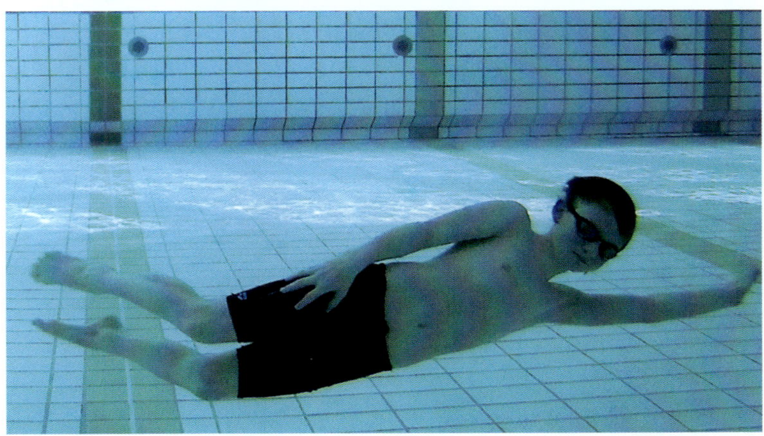

Abb. 53

In der Seitlage lässt sich der Schmetterlingbeinschlag ebenso trainieren.

- Der untere Arm ist nach vorne gestreckt.
- Der obere Arm liegt an der Körperseite.
- Der Beinschlag beginnt im unteren Bauch bzw. der Hüfte.
- Beinschlag von hinter dem Körper vor den Körper führen.
- Füße strecken.

Schmetterlingbeine Rückenlage unter Wasser

52

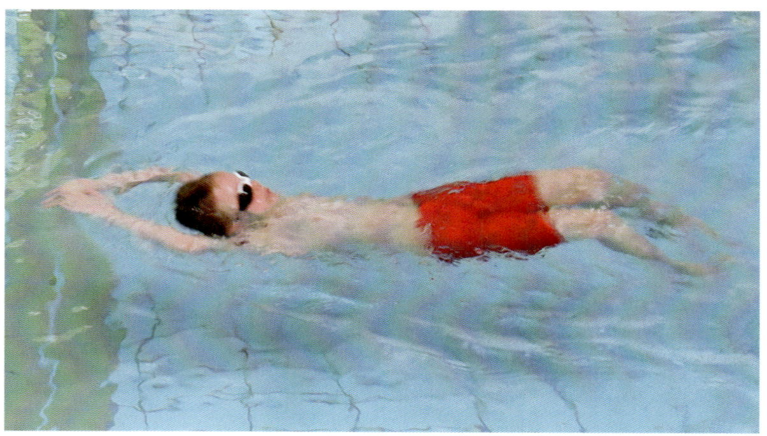

Abb. 54

Das Schmetterlingbeine Schwimmen in Rückenlage erleichtert die Atmung ungemein. Ebenso ist für den Trainer bzw. Lehrer hilfreich zu sehen, wie sich der Rhythmus des Beinschlages entwickelt.

- In Rückenlage sind die Arme gestreckt (Streamline).
- Der Beinschlag beginnt im unteren Bauch bzw. der Hüfte.
- Auf- und Abwärtsbewegung der Beine aktiv betonen.
- Beinschlag eng an der Wasseroberfläche durchführen.
- Füße strecken.

53 Schmetterling Gesamtkoordination Schlange

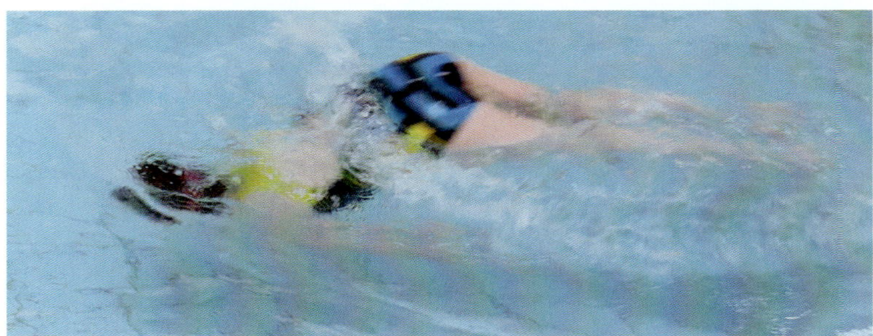

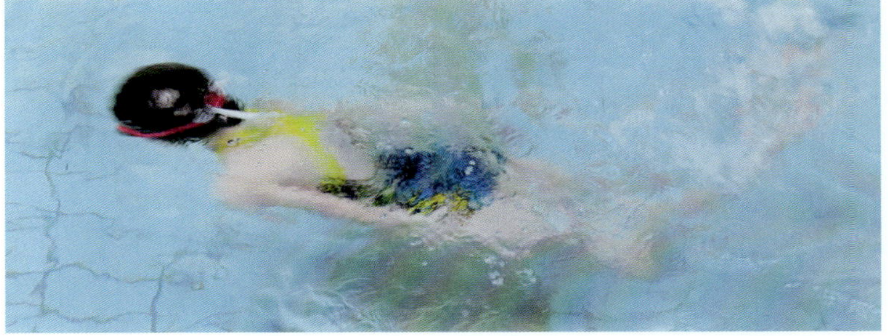

Abb. 55

Für das Erlernen der Gesamtkoordination ist bei Anfängern eine Kopfsteuerung wichtig.

- An der Wasseroberfläche den Kopf ins Wasser drücken (Kopf auf die Brust) und das Gesäß an die Wasseroberfläche drücken.
- Umlenken mit dem Kopf.
- Wenn der Kopf die Wasseroberfläche durchstösst, ist das Gesäß der tiefste Punkt.
- Die Beine folgen in der Wellenbewegung.

Schmetterling Gesamtkoordination Sprünge

54

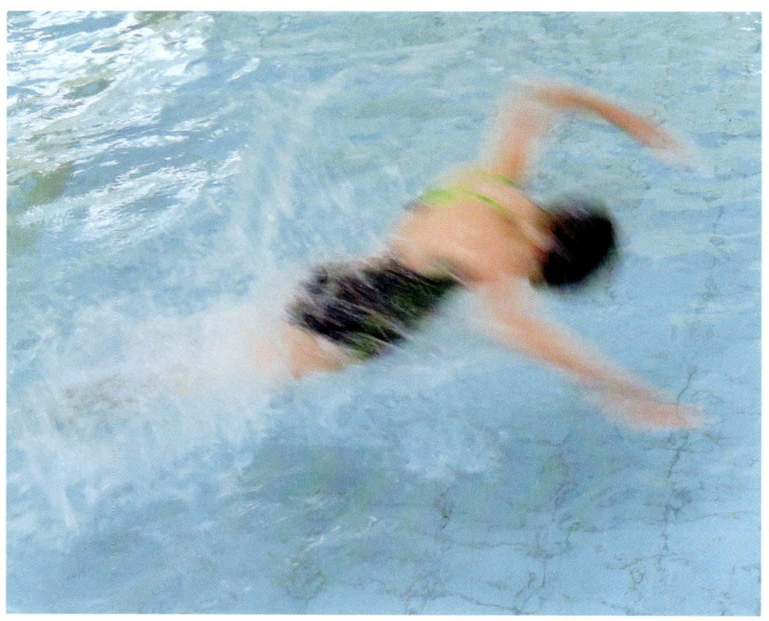

Abb. 56

Ähnlich wie bei der Schlangenbewegung soll bei den Sprüngen die Kopfsteuerung mit Hilfe der Arme unterstützt werden. Ein flaches Becken bietet sich dafür an.

- Abstoß mit den Füßen vom Boden.
- Arme an den Oberschenkeln.
- Wenn der Kopf das Wasser durchbricht, schwingen die Arme nach vorne.
- Kopf auf die Brust.
- Mit gestreckten Armen und dem Kopf dazwischen eintauchen.

55 Schmetterling Gesamtkoordination Kick in, Kick out

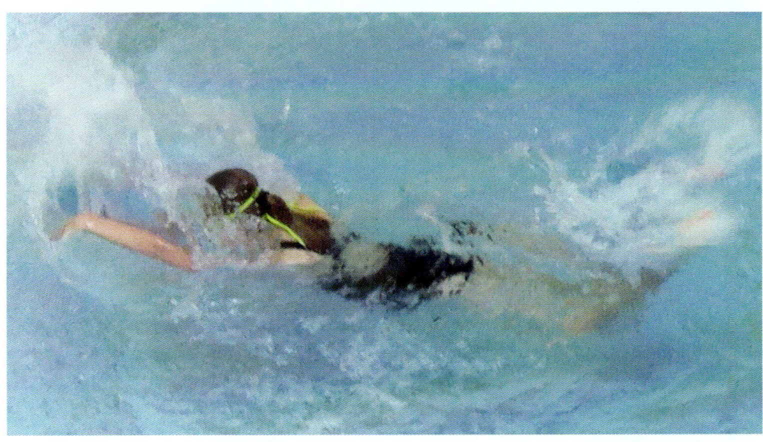

Abb. 57

Beim Schmetterlingsschwimmen resultieren die beiden Beinschläge (Kicks) eines Zyklus aus der wellenförmigen Gesamtbewegung des Körpers. Zum Erlernen des richtigen Zeitpunktes ist es am einfachsten, die Kicks mit der Armbewegung zu koppeln. Wir sprechen dabei vom sog. „Kick in“ und „Kick out“.

- 1. Beinschlag (Kick) beim Eintauchen der Hände ins Wasser vor dem Kopf

- 2. Beinschlag (Kick) beim Verlassen der Hände aus dem Wasser neben der Hüfte.

Schmetterling Gesamtkoordination Einarmig seitliche Atmung

56

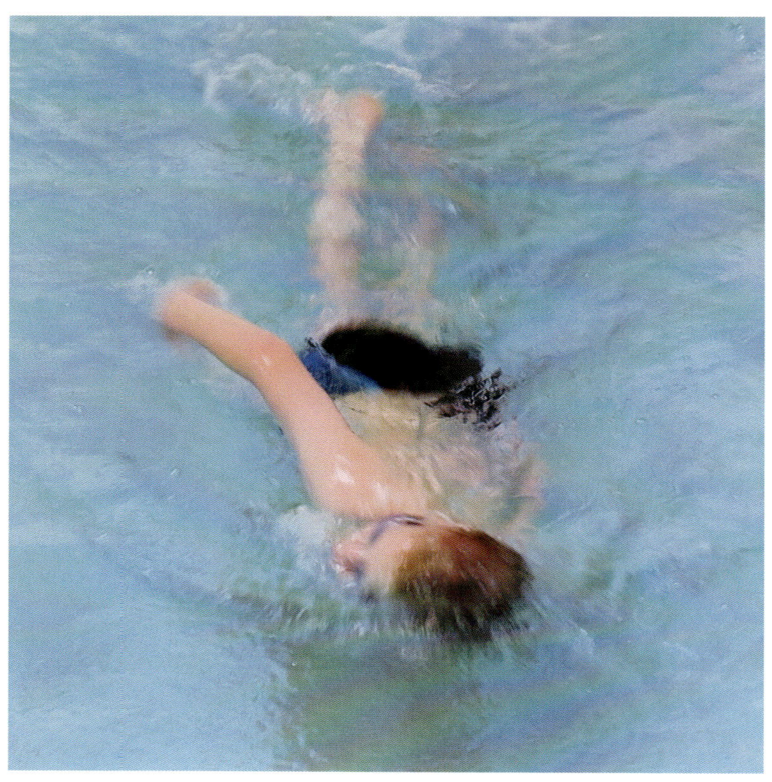

Abb. 58

Das einarmige Schmetterlingschwimmen mit seitlicher Atmung ermöglicht eine kleinere Wellenbewegung und ähnelt dem Kraulschwimmen.

57 Schmetterling Gesamtkoordination Einarmig Atmung nach vorne

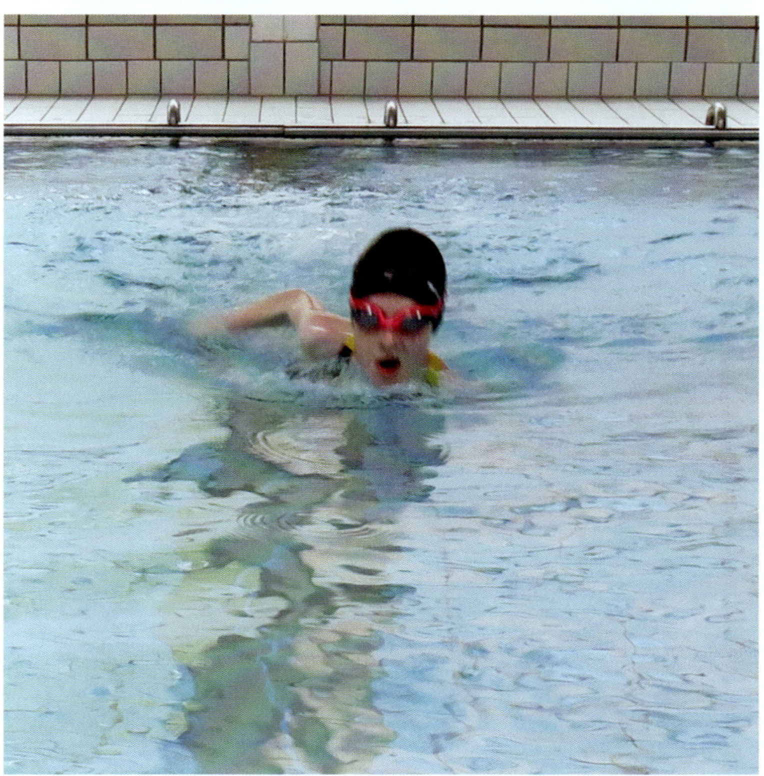

Abb. 59

Das einarmige Schmetterlingschwimmen mit Frontatmung ermöglicht einen guten Start in die Gesamtkoordination. Die Kopfstellung kommt dem Schmetterlingsschwimmen sehr nah. Das einarmige Schwimmen ist jedoch deutlich leichter.

Schmetterling Gesamtkoordination Wechselzug

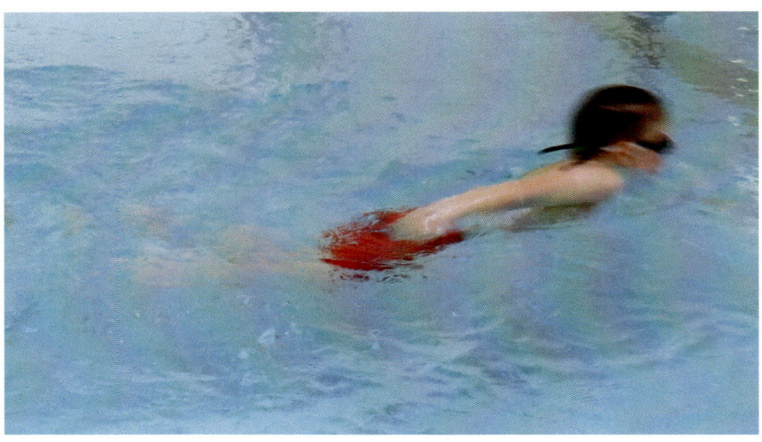

Abb. 60

Beim Wechselzugschwimmen werden nun beide Arme genutzt, jedoch nicht in der Gesamtkoordination, sondern immer abwechselnd der rechte und der linke Arm.

- Beide Arme liegen gestreckt vorne.
- Der rechte Arm führt einen Schmetterlingsarmzug aus, der linke Arm bleibt gestreckt vorne liegen (Abb. 60).
- Dabei wird die Atmung nach vorne ausgeführt.
- Der nächste Zug wird mit dem linken Arm ausgeführt und der rechte Arm bleibt vorne liegen.

59 Schmetterling Gesamtkoordination Rechts-Links-Gesamt

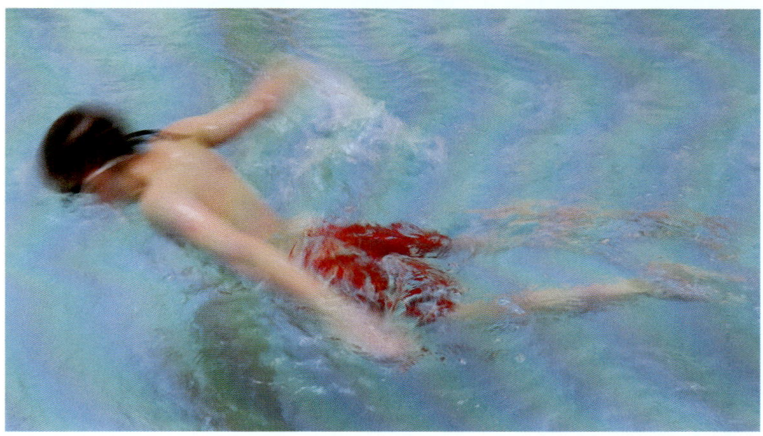

Abb. 61

Als abschließende Übung vor der Gesamtkoordination bietet sich eine Kombination aus dem Wechselzug und der Gesamtbewegung an. Dabei werden die Arme erst einzeln nach vorne geführt und dann ein Gesamtzyklus ausgeführt.

- Beide Arme liegen gestreckt vorne.
- Der rechte Arm führt einen Schmetterlingsarmzug aus, der linke Arm bleibt gestreckt vorne liegen.
- Dabei wird die Atmung nach vorne ausgeführt.
- Der nächste Zug wird mit dem linken Arm ausgeführt und der rechte Arm bleibt vorne liegen.
- Nachdem beide Arme einen Einzelarmzug durchgeführt haben, wird ein Zug in der Gesamtkoordination durchgeführt.
- Bei allen Zügen wird die Atmung nach vorne ausgeführt.

5.4 Übungen zu Starts und Wenden

Seite	Übungen		Hilfsmittel
101	60	Rückenstart, Abstoß in Rückenlage	
102	61	Rückenstart Startposition an der Leiter	
103	62	Rückenstart über Poolnoodle	
104	63	Start vom Beckenrand (hockend)	
105	64	Start vom Beckenrand	
106	65	Start vom Startblock (hockend)	
107	66	Start vom Startblock	
108	67	Zielspung vom Beckenrand	
109	68	Kippwende – Anschwimmen	
110	69	Kippwende – Hand lösen	
111	70	Kippwende – Anhocken	
112	71	Kippwende – Füße an die Wand	
113	72	Kippwende – Abstoß	
114	73	Rollwende – Kopf auf die Brust	
115	74	Rollwende – Anhocken	
116	75	Rollwende – Anfersen	
117	76	Rollwende – Konterarme	
118	77	Rollwende – Streamline Rückenlage	

60 Rückenstart, Abstoß in Rückenlage

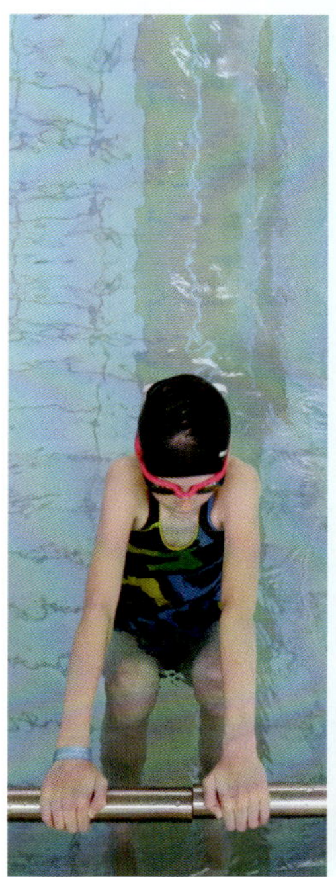
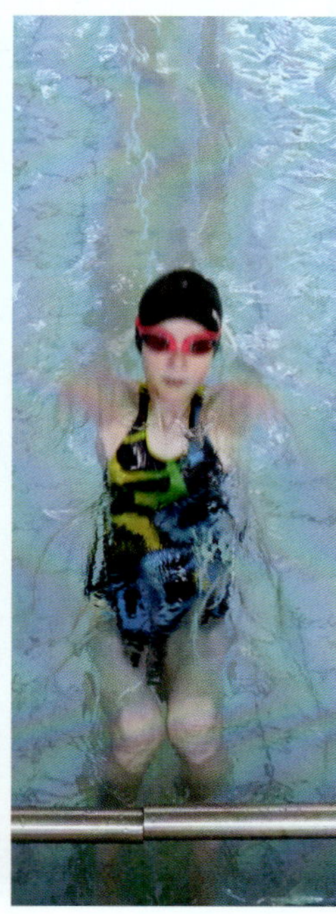
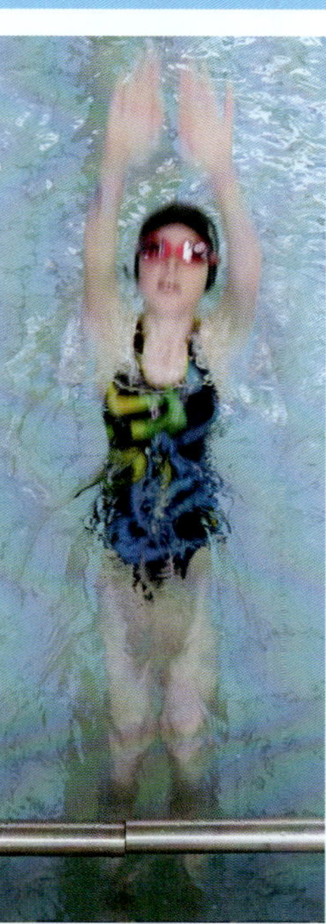

Abb. 62

Als Vorübung zum Rückenstart halten sich die Kinder am Beckenrand oder einer Stange fest (links).

- Hände werden gelöst, dabei bleiben die Füße an der Wand und die Knie gebeugt (Mitte).
- Sobald die Hände hinter dem Kopf sind, geht der Oberkörper nach hinten. Der Kniewinkel öffnet sich (rechts).
- Sobald der Oberkörper auf dem Wasser liegt, wird sich in Rückenlage abgestoßen.

Rückenstart Startposition an der Leiter

61

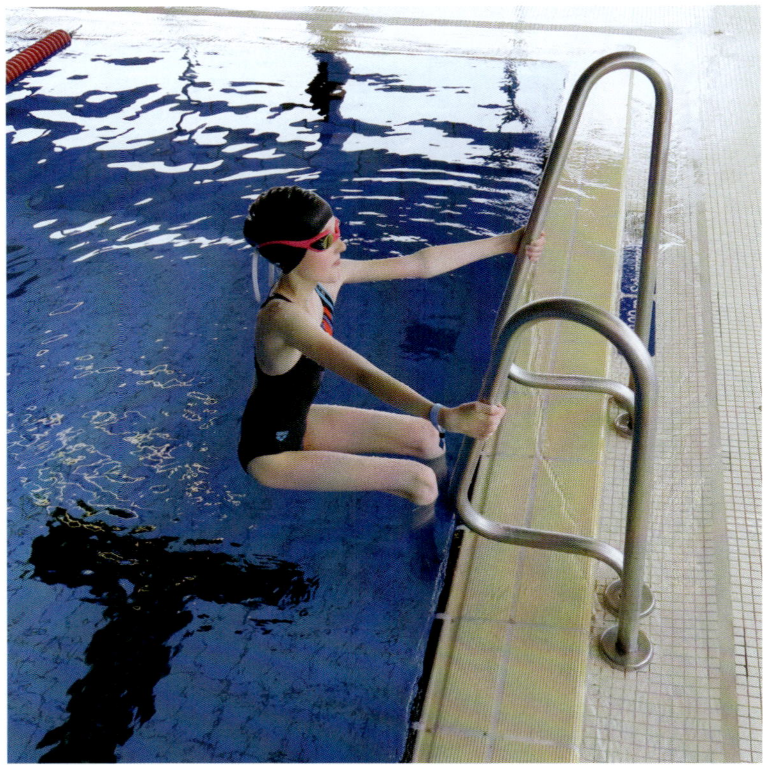

Abb. 63

Die Füße werden auf eine Treppenstufe gestellt und die Hände greifen an die Leiter. In der Startposition ist der Rücken dabei gerade (siehe Abb. 63). Die Übung ist dann, wie auf Seite 101 beschrieben, durchzuführen.

- Hände lösen und nach hinten werfen.
- Hüftwinkel öffnen und Bauchnabel zur Decke bringen.
- Füße von der Treppenstufe lösen (leicht abspringen).
- Durch Bogenspannung kann das Eintauchen in ein Eintauchloch ermöglicht werden.

62 Rückenstart über Poolnoodle

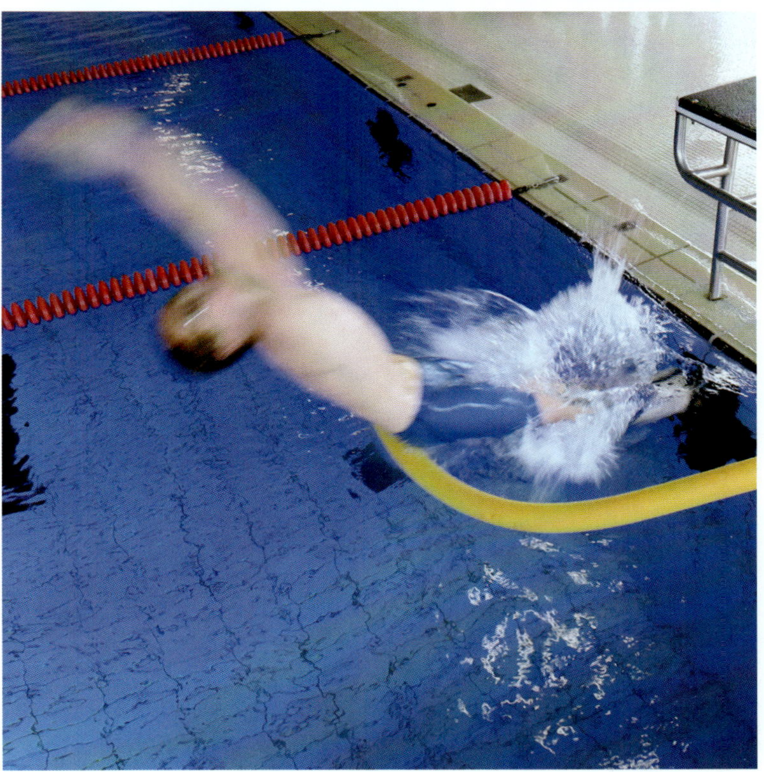

Abb. 64

Der Rückenstart am Startblock ist ungleich schwieriger, da die Füße nicht so viel Halt haben wie z. B. bei einer Leiter. Häufig neigen Kinder dazu, den Kniewinkel zuerst zu öffnen und rutschen ab. Daher sind die Übungsschritte wie auf Seite 101 zu befolgen. Als taktile Hilfe für die Bogenspannung dient die Poolnoodle.

Start vom Beckenrand (hockend)

63

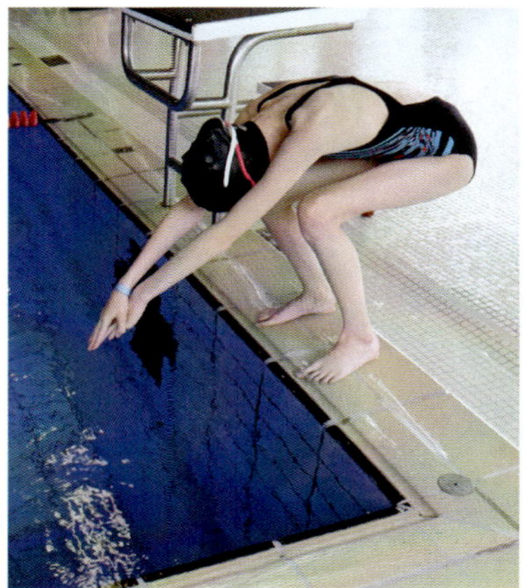
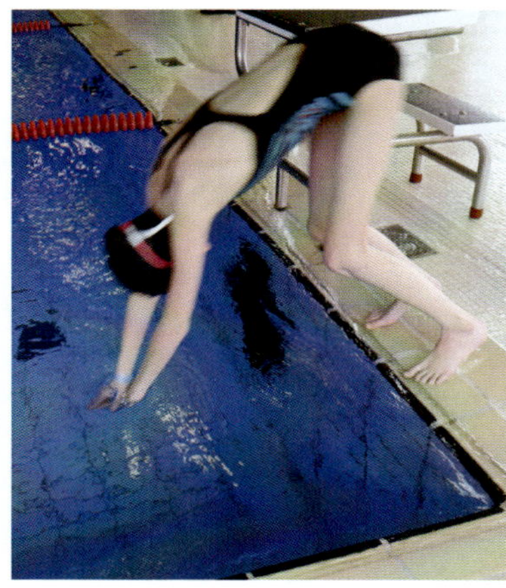

Abb. 65

Um beim Startsprung die Angst vor der Höhe des Blocks zu nehmen, ist es vorteilhaft, vom Beckenrand zu starten.

- Das Kind hockt am Beckenrand, die Hände sind zur Pfeilspitze geformt (links).
- Das Gesäß wird nach oben verlagert, so dass die Fingerspitzen das Wasser berühren (rechts).
- Das Gleichgewicht wird immer weiter nach vorne verlagert, bis das Kind mit der Pfeilspitze zuerst ins Wasser fällt oder sogar selbstständig abspringt.

64 Start vom Beckenrand

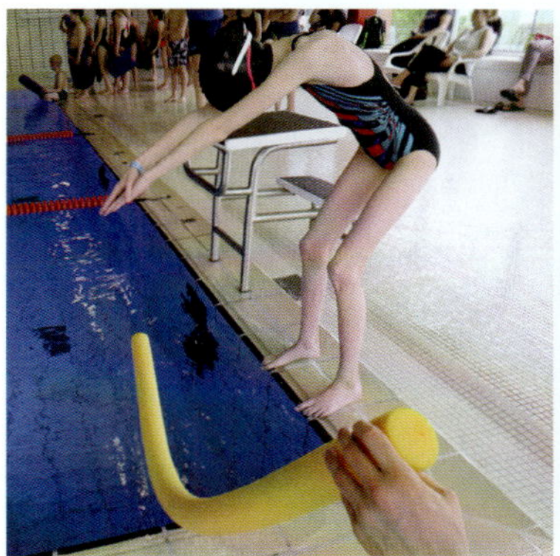
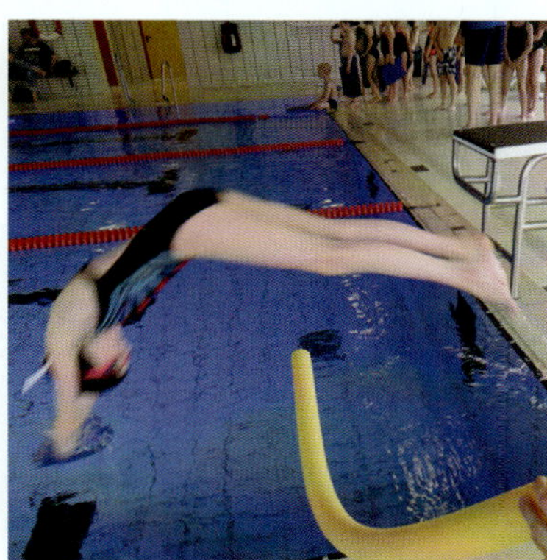

Abb. 66

Nachdem die Vorübung im Hocken erfolgreich absolviert wurde, ist die nächste Steigerung, stehend vom Beckenrand ins Wasser zu springen.

- Das Kind steht mit leicht gebeugten Beinen am Beckenrand, die Hände sind zur Pfeilspitze geformt (links).
- Das Gleichgewicht wird immer weiter nach vorne verlagert, bis das Kind mit der Pfeilspitze zuerst ins Wasser fällt oder sogar selbstständig abspringt.
- Eine Poolnoodle als Hilfsmittel kann als Orientierung dienen (rechts).

Sollte es einen erhöhten Beckenrand geben, sollte die Übung von Seite 104 sowie diese Übungen dort noch einmal wiederholt werden, bevor es auf den Startblock geht.

Start vom Startblock (hockend)

65

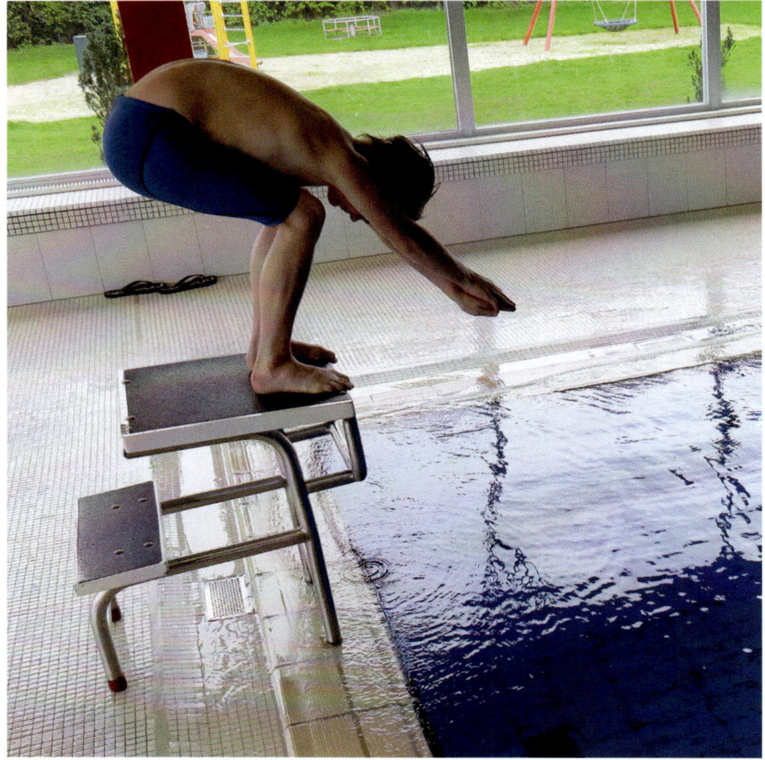

Abb. 67

- Das Kind hockt auf dem Startblock, die Hände sind zur Pfeilspitze geformt (Abb. 67).
- Das Gleichgewicht wird immer weiter nach vorne verlagert, bis das Kind mit der Pfeilspitze zuerst ins Wasser fällt oder sogar selbstständig abspringt.
- Eine Poolnoodle als Hilfsmittel kann als auch hier als Orientierung dienen.

66 Start vom Startblock

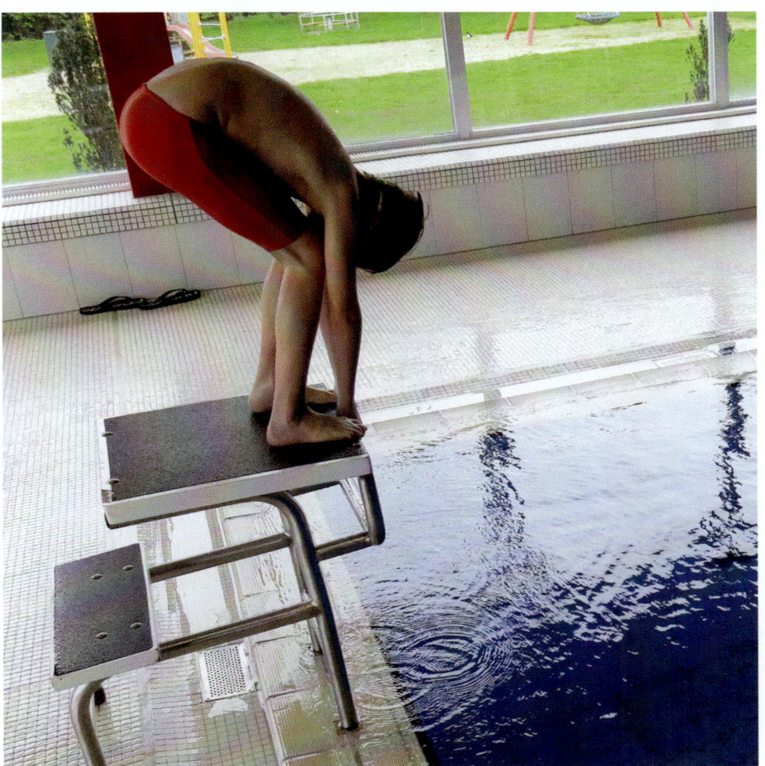

Abb. 68

Bei der Startposition des Greifstarts auf dem Startblock ist zu beachten:

- Beide Füße parallel vorne, Zehen umgreifen die vordere Startblockkante, Hände zwischen den Füßen.
- Beine leicht gebeugt, Gesäß so nah wie möglich zur vorderen Startblockkante.

Zielspung vom Beckenrand

67

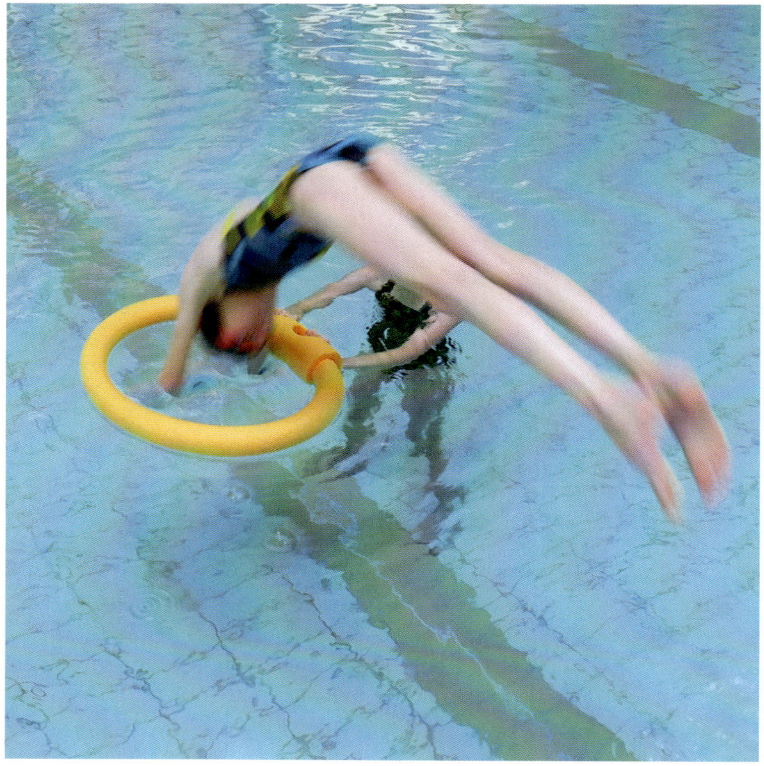

Abb. 69

Um Sprünge weiter zu trainieren sind Zielsprünge eine gute Übung. Als Hilfsmittel hierfür dienen:

- Hula-Hoop-Reifen
- Poolnoodle als Ring (Abb. 69)

Auch hier ist eine Progression vom Beckenrand zu einer leichten Erhöhung bis auf den Startblock denkbar und möglich.

68 Kippwende – Anschwimmen

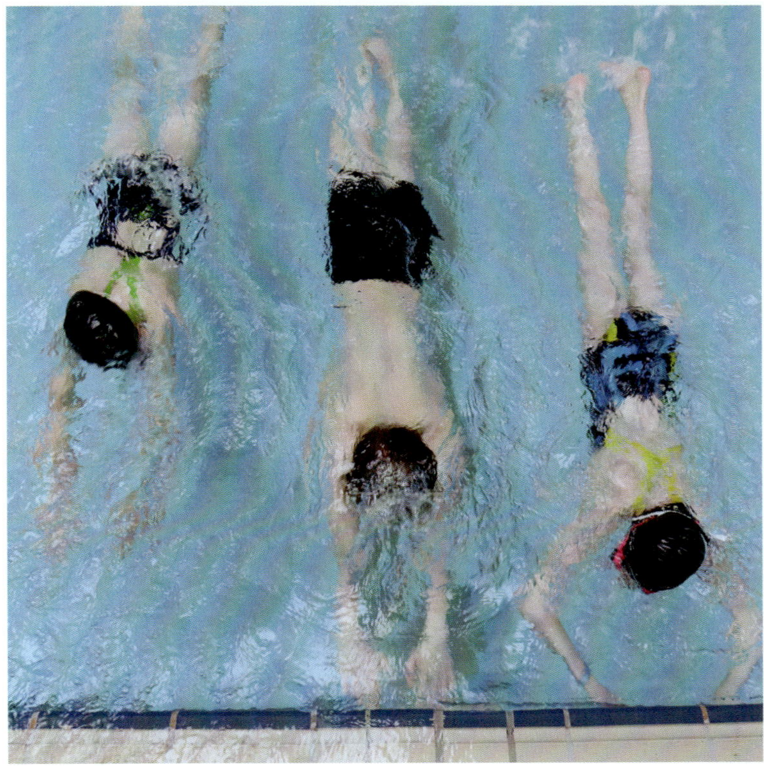

Abb. 70

- Anschwimmen mit Wechselbeinschlag (links).
- Wand mit beiden Händen berühren (Mitte).
- Arme beugen und sich wieder abdrücken (rechts).

Das Ganze mehrmals wiederholen.

Kippwende – Hand lösen

69

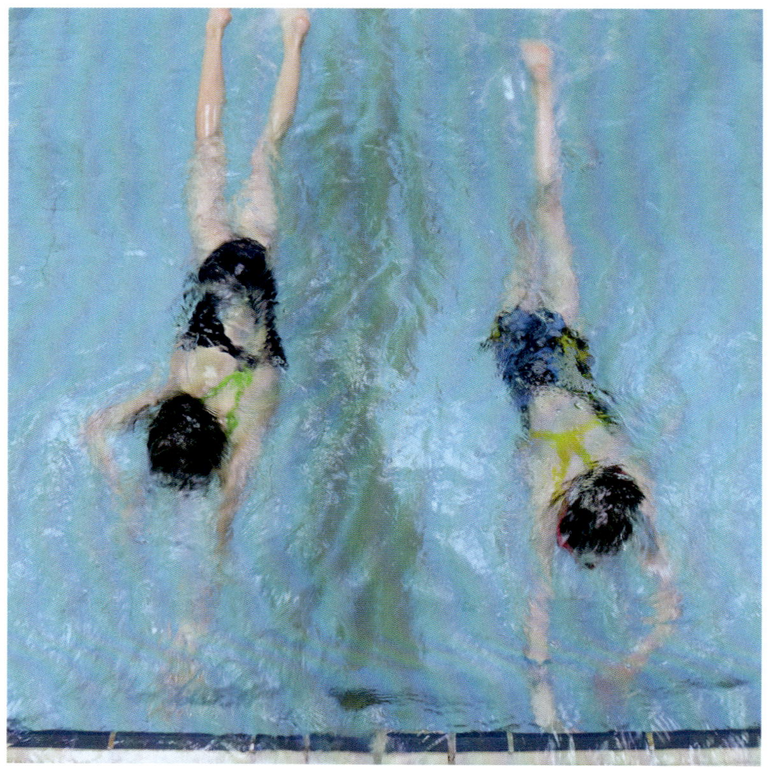

Abb. 71

- Anschwimmen mit Wechselbeinschlag (wie vorher).
- Wand mit beiden Händen berühren (wie vorher).
- Eine Hand lösen (rechts).
- Ellbogen nah am Körper in Richtung Hüfte ziehen (links) → ähnlich dem Öffnen einer Tür.

70 Kippwende – Anhocken

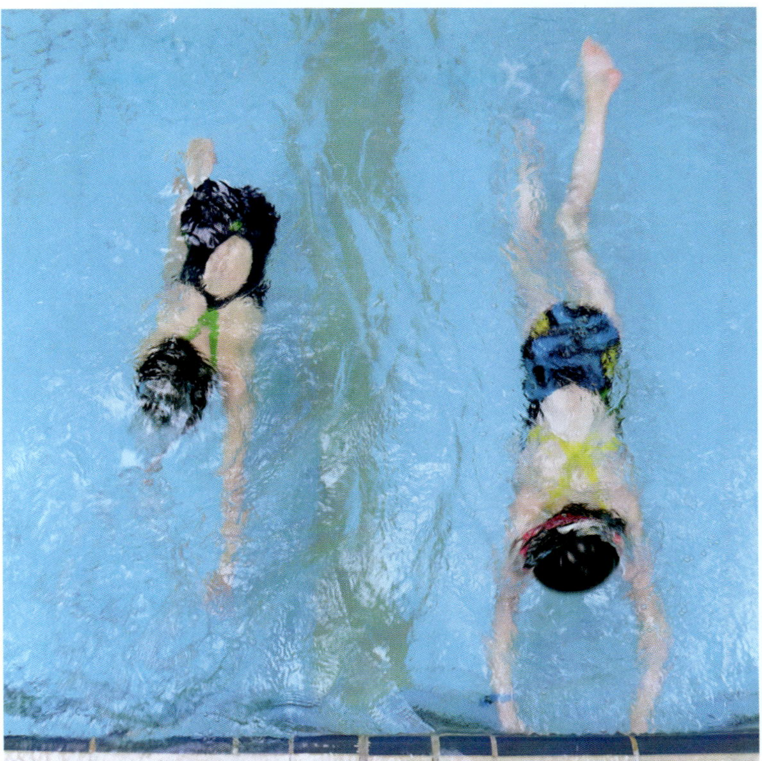

Abb. 72

- Anschwimmen mit Wechselbeinschlag (wie vorher).
- Wand mit beiden Händen berühren (rechts).
- Eine Hand lösen (wie vorher).
- Ellbogen nah am Körper in Richtung Hüfte ziehen und die Beine anhocken (links) und auf die Seite drehen.

Kippwende – Füße an die Wand

71

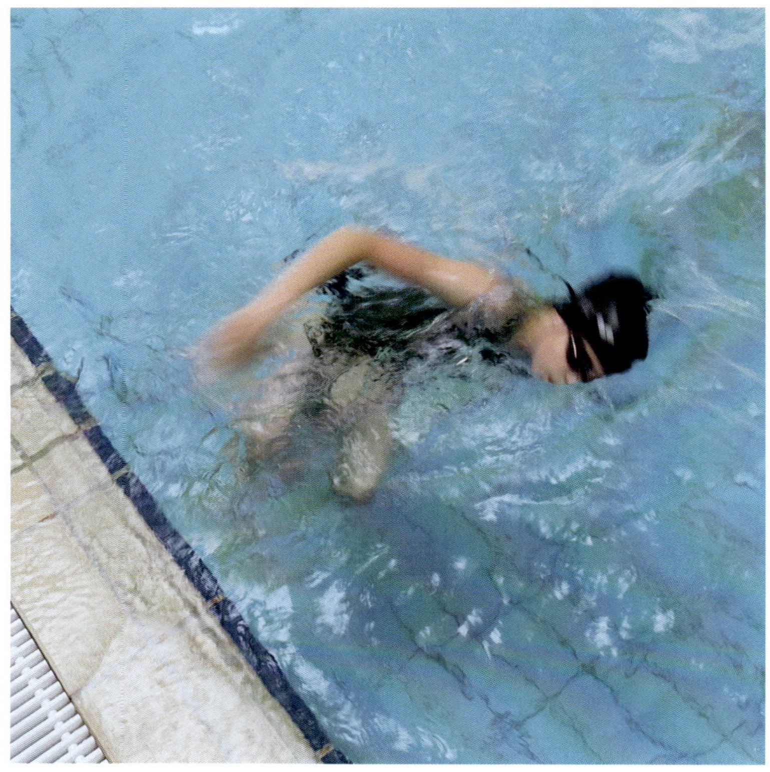

Abb. 73

- In Seitlage unter Wasser den Ellbogen nah am Körper in Richtung Hüfte ziehen und die Beine anhocken (wie vorher) und Füße an die Wand bringen
- Über Wasser den anderen Arm gebeugt zurück in Schwimmrichtung bringen (siehe Abb. 73).

72 Kippwende – Abstoß

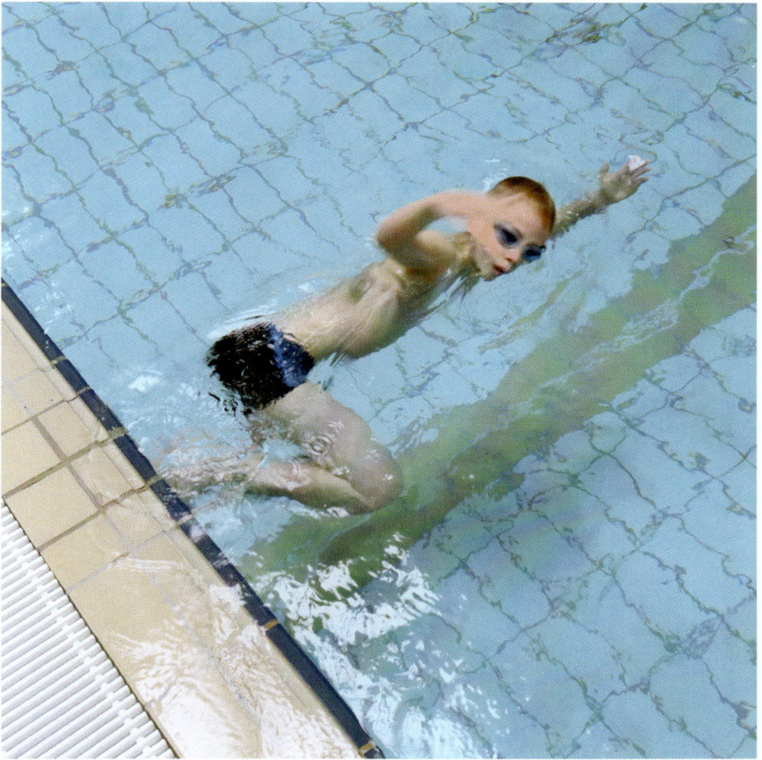

Abb. 74

- Abstoß in Seitlage (Abb. 74).
- Arm unter Wasser in die Streckung bringen, Handfläche zeigt nach oben (Tablett servieren).
- Arm über Wasser gebeugt und eng am Körper nach vorne bringen.

Rollwende – Kopf auf die Brust

73

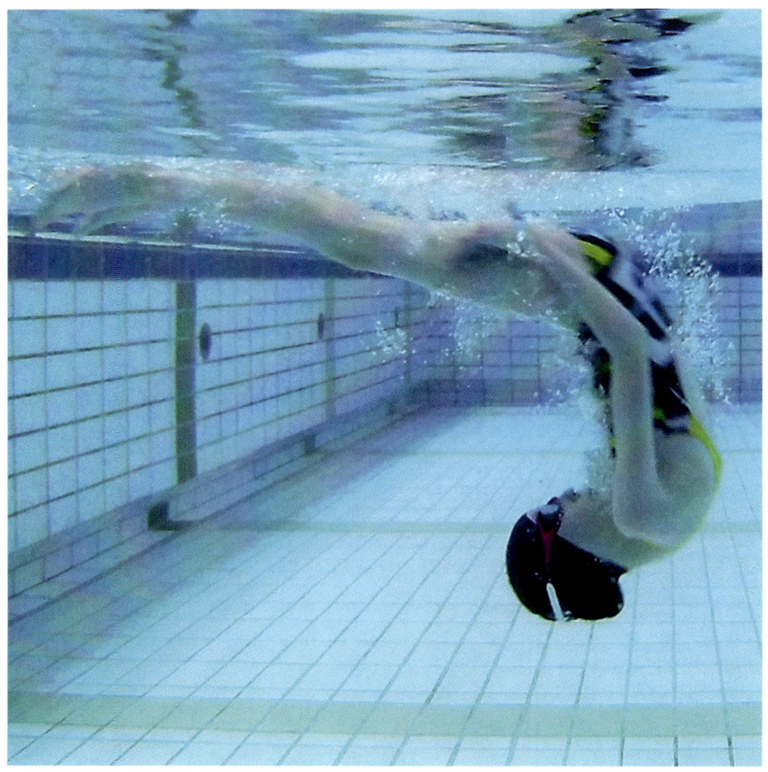

Abb. 75

- Abstoß mit den Händen an der Hüfte an der Wasseroberfläche.
- Bei maximaler Geschwindigkeit den Kopf auf die Brust nehmen und absinken (Abb. 75).
- Beine gleiten passiv hinterher.

74 Rollwende – Anhocken

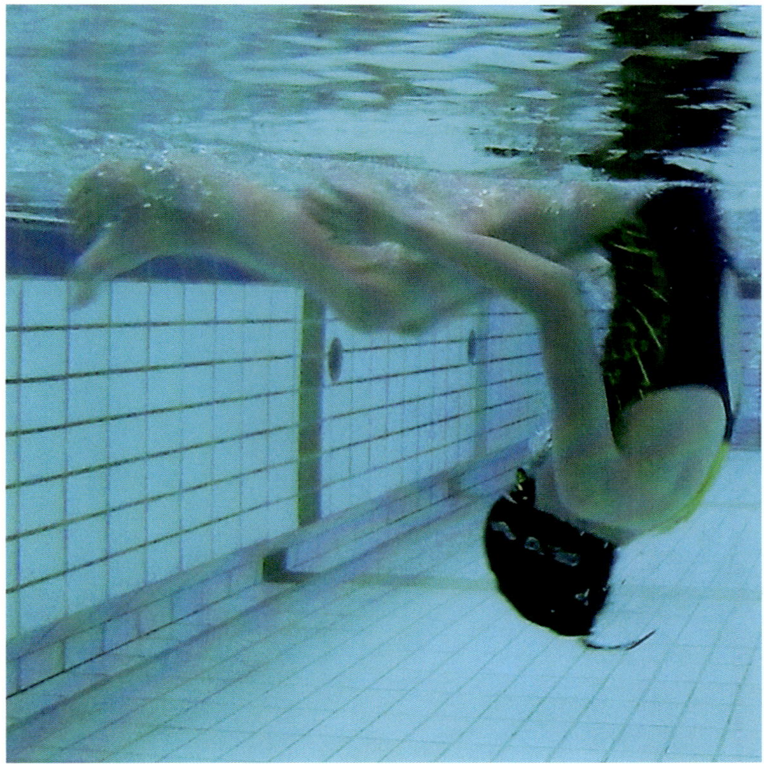

Abb. 76

- Abstoß mit den Händen an der Hüfte an der Wasseroberfläche.
- Bei maximaler Geschwindigkeit den Kopf auf die Brust nehmen und Knie zur Brust ziehen (anhocken, Abb. 76).
- Unterschenkel gleiten passiv hinterher, keine aktive Beugung im Kniegelenk.

Rollwende – Anfersen

75

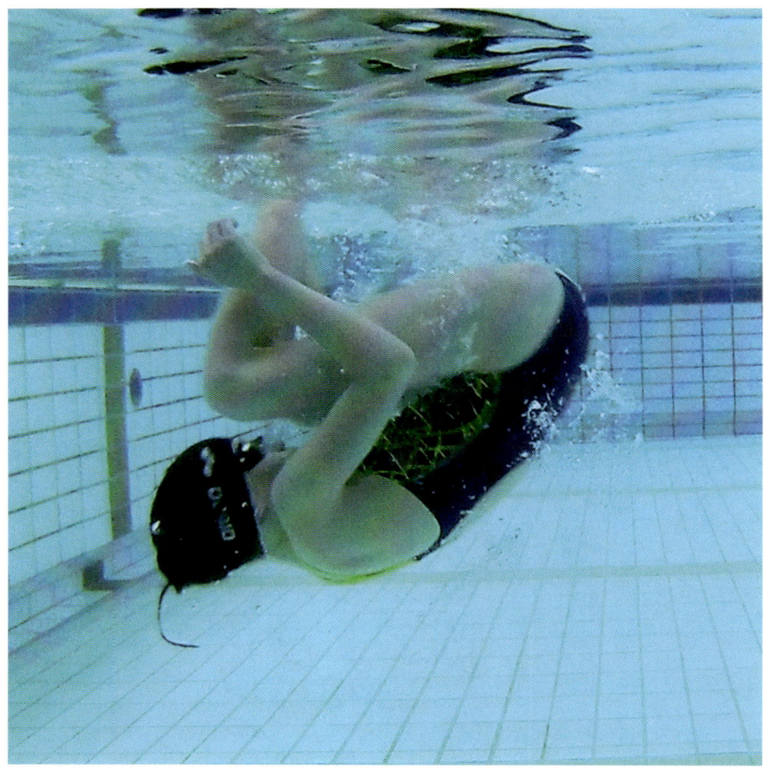

Abb. 77

- Abstoß mit den Händen an der Hüfte an der Wasseroberfläche.
- Bei maximaler Geschwindigkeit den Kopf auf die Brust nehmen, Knie zur Brust ziehen und die Fersen zum Gesäß bringen (anhocken und anfersen, Abb. 77).
- Arme bleiben passiv.

76 Rollwende – Konterarme

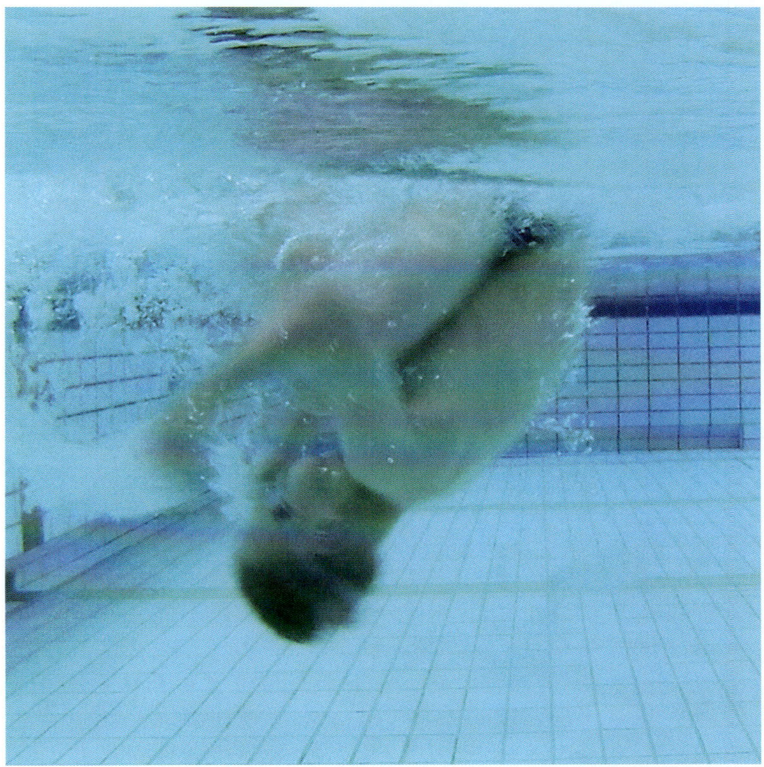

Abb. 78

- Abstoß mit den Händen an der Hüfte an der Wasseroberfläche.
- Bei maximaler Geschwindigkeit den Kopf auf die Brust nehmen, Knie zur Brust ziehen und die Fersen zum Gesäß bringen (anhocken und anfersen).
- Arme werden aktiv gebeugt, so dass die Handfläche von der Hüfte an die Schulter geführt werden (Abb. 78).

Rollwende – Streamline Rückenlage

77

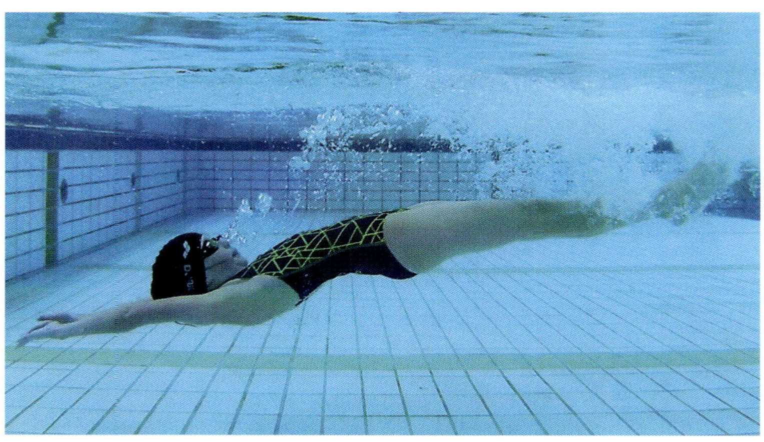

Abb. 79

Nach dem Einrollen (Seite 114–118) erfolgt das Öffnen:

- Hüftwinkel wird geöffnet und Beine gestreckt.
- Handflächen sind bereits an der Schulter, so dass die Arme nur noch über den Kopf gestreckt werden müssen.
- Streamline-Position in Rückenlage wird eingenommen (Abb. 79).

Nun kann die Wende in das Schwimmen übertragen werden. Das Berühren der Wand ist zu Beginn nicht unbedingt entscheidend. Eine gute Vorübung sind 50 Meter Intervalle mit 25 Meter Kraul und 25 Meter Rücken eine gute Übung, um die Rollwende von der Bauchlage in die Rückenlage zu trainieren (auf einer 50-m-Bahn müssen dann 100 Meter Intervalle geschwommen werden).
Im Laufe des Lernprozess kann dann die Rollwende von Kraul auf Kraul sowie vom Rückenschwimmen ins Rückenschwimmen geübt werden.

Literatur

Deutschlandfunk (2019). *Kindersport-Bericht „Schulsport-Ausfälle müssen reduziert werden“*. Letzter Aufruf am 12.03.2019 https://www.deutschlandfunk.de/kindersport-bericht-schulsport-ausfaelle-muessen-reduziert.694.de.html?dram:article_id=328244

DLRG (2017). *Schwimmfähigkeit der Bevölkerung – Ergebnisse einer repräsentativen Umfrage.*

Loibl, J. (2001). *Basketball – genetisches Lehren und Lernen: spielen – erfinden – erleben – verstehen.* Schorndorf: Hofmann.

Rheinische Post (2019). *Immer mehr Freibäder schließen ihre Pforten.* Letzter Aufruf 06.03.2019 https://rp-online.de/panorama/deutschland/schwimmbad-sterben-in-deutschland-weitere-195-stehen-zur-disposition_aid-24120985

Schul, K. (2016). Vermittlungsansatz im Basketball: Schüler lösen Probleme. *Sport Praxis, 7+8.*

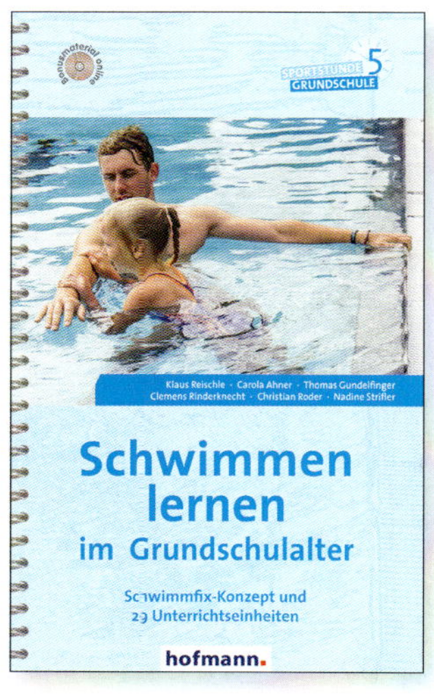

Klaus Reischle · Carola Ahner
Thomas Gundelfinger
Clemens Rinderknecht
Christian Roder · Nadine Strifler

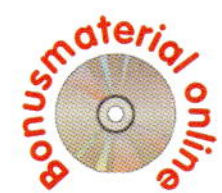

Schwimmen lernen im Grundschulalter

Schwimmfix-Konzept und
29 Unterrichtseinheiten

2018. 15 x 24 cm, 174 Seiten
+ Bonusmaterial online
ISBN 978-3-7780-2850-6

Bestell-Nr. 2850 **€ 21.90**

Die Inhalte orientieren sich an den Bildungsplänen der Bundesländer, an den motorischen Fertigkeiten, an der Interessenlage der Schüler, am Schwimmfix-Konzept und an der oft knappen Unterrichtszeit. Neben einem Theorieteil werden praxisrelevante Inhalte in Form von Übungsreihen, 29 Stundenentwürfen und 42 Spielen präsentiert, die zum „Bewegen im Wasser“ motivieren.

Versandkosten € 2.–; ab einem Bestellwert von € 20.– liefern wir innerhalb von Deutschland versandkostenfrei.

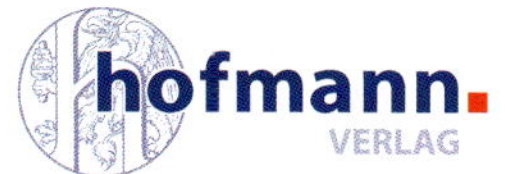

Steinwasenstraße 6–8 · 73614 Schorndorf
Telefon (0 71 81) 402-0 · Telefax (0 71 81) 402-111
E-Mail: bestellung@hofmann-verlag.de · www.sportfachbuch.de